CHOIX

DE

DISSERTATIONS.

CHOIX

DE

DISSERTATIONS

SUR DES

QUESTIONS DE PROCÉDURE CIVILE

ET DE DROIT PÉNAL

AVEC UN TRAVAIL D'HISTOIRE

PAR M. HERCULE BOURDON.

..... Aliqua quæ possint prodesse conscribo.
(L. Annæi Senecæ opera philosophica quæ recognovit Bouillet, t. III, p. 86.)

LILLE,

IMPRIMERIE DE L. DANEL.

1861.

HOMMAGE

A MM. LES PRÉSIDENTS ET MEMBRES

DU TRIBUNAL DE PREMIÈRE INSTANCE DE LILLE,

Souvenir, respect, bonne confraternité.

Leur dévoué Collègue,

BOURDON.

PREFACE.

C'est du nom d'*années d'études* qu'aurait voulu s'intituler ce petit recueil, mais côtoyer ainsi le titre d'un livre d'Augustin Thierry m'était-il permis ? Je ne l'ai point pensé. De là une dénomination peu attrayante et assez abstraite. Ceux qu'elle n'aura pas effrayés sauront à quoi s'en tenir sur le but et la nature des écrits qui leur sont offerts, et ne les avoir pas pris en traître a son avantage. En ce sens, le scrupule de l'auteur ne peut que profiter à son modeste volume. Cette brochure n'en est pas moins, en réalité, le fruit de la moitié d'une carrière judiciaire, c'est-à-dire un choix trié avec soin et défiance dans un beaucoup plus grand nombre d'études analogues.

Ce recueil eût pu être grossi du double, mais

j'ai tenu à ne le composer que d'écrits dans lesquels j'ose dire que j'ai foi ! Des travaux honorés d'éloges par M. Hélie, par M. Sévin, par M. Chauveau (1) (je les remercie ici d'avoir daigné m'encourager), n'y sont pas compris.

Rien de ce dont parlent ces pages, qui ne sont pas toutes, tant s'en faut, nouvelles, récentes, n'a vieilli. Participant en quelque sorte de l'immutabilité des lois, les questions que soulèvent tour à tour nos codes demeurent par privilége à l'ordre du jour. Voici qui semble d'hier et qui date de dix et vingt années : « Dans l'article 201 dirigé contre le ministre du culte qui critique publiquement un acte de l'autorité, l'amende (porte, page 57, la dissertation relative à cette peine), l'amende méritait la préférence. » « Les mœurs des ouvriers qu'emploient les fabriques de papier (lit-on quelques pages plus haut), font de ceux à l'aide desquels cette industrie se prépare et se complète une classe à part. » La pétition du 31 mai au Sénat, la

(1) Lois de la Procédure civile, tome IV, livre V, titre 7. Revue critique de législation et de jurisprudence de 1861, tome XVII. Journal général des tribunaux de 1837, N° de mars.

discussion sur les chiffons et les drilles à l'occasion du tableau annexé au décret du 27 mai, sont venues rajeunir ces deux passages. La continuité de l'à-propos (d'autres exemples pourraient encore le prouver), est comme l'incessante prérogative, je le répète, de la généralité des points de droit.

Les trois premiers dont il est traité se rapportent à la jurisprudence; trois dissertations qui suivent concernent la législation. C'est, on le sait, la division adoptée par M. Wolowski dans sa *Revue*, de laquelle la plupart de ces morceaux sont extraits. S'ils ont quelque mérite intrinsèque qui soutienne l'attention du lecteur, il leur découvrira une valeur d'ensemble. Conçus, en effet, à diverses époques, mais issus tous d'un même amour de la vérité, ces travaux convergent au même but, et par conséquent s'éclairent et se fortifient l'un l'autre.

J'y rattache deux essais d'un autre ordre. Mais l'apologie de Jeanne de Flandre, thèse historique qui est empruntée à la collection des causes célèbres, n'est, à le bien prendre qu'un *plaidoyer*. J'ai aimé en outre, et je trouve intérêt à cimenter une fois de plus entre deux sciences diverses une alliance conseillée par Montesquieu et pratiquée par M. Troplong, le plus grand maître du siècle dernier et le plus illustre des jurisconsultes du nôtre.

Mon épigraphe servait de devise à un mémoire concernant les enfants-trouvés, et que j'ai présenté autrefois infructueusement à un concours (1). Puisse-t-elle près du public, aujourd'hui, être un peu plus pour moi une égide ! qu'une intention d'utilité fasse accueillir une série d'opuscules, et que ceux-ci puissent surtout ne pas sembler trop indignes du patronage sous lequel, magistrat à Lille de longue date, je tiens à honneur de les placer.

H. B.

(1) C'est M. Jules Labourt, procureur du roi à Doullens, qui fut couronné par l'Académie d'Arras.

§ Ier

(Inséré au *Journal des Avoués*, tome L.)

LA SAISIE-ARRÊT ENLÈVE AU DÉBITEUR SAISI LA DISPONIBILITÉ DE LA CHOSE SAISIE (1).

Il y a, dans le monde, moins de créanciers que de débiteurs, et plus de mauvais payeurs que de bons; aussi certaine partie du public voit tout créancier de mauvais œil; bien des gens éprouvent pour les créanciers en général l'animadversion qu'ils ont pour les leurs. Ce préjugé peut être excusable et naturel, mais il est besoin de le restreindre, et ce serait en pousser trop loin l'effet que d'immoler complètement l'intérêt de ceux dont le seul tort, en définitive, est d'avoir eu foi, d'avoir donné crédit et créance à des paroles qui, par malheur, n'en étaient pas dignes.

C'est en matière de saisie-arrêt que cette disposition plus ou moins juste se révèle dans tout son jour, car les rôles sont bien tranchés, et les parties en présence. Le créancier, poussé à bout, rassemble ses forces et celles que la loi lui donne pour contraindre le débiteur rebelle et suspect.

(1) Voyez, en ce sens, au *Bulletin civil de 1852* (N° 6, page 146), l'arrêt de cassation en date du 8 juin 1852. Il a été rendu sur les conclusions conformes de M. Rouland, il casse l'arrêt de la Cour impériale de Rouen, affaire Houel. (*Note de 1861.*)

La base de la saisie-arrêt, à nos yeux, est dans ce principe assez ancien et peu contesté, à savoir qu'*il faut payer ses dettes*... Vérité consacrée et longtemps maintenue par nos vieux docteurs, nos auteurs et nos magistrats ; vérité qu'on tente à présent d'obscurcir, principe que l'on ébranle, au grand péril, ce nous semble, de l'ordre et du droit.

Parmi les doctrines qui, sans viser à ce but, ne peuvent manquer de l'atteindre, il en est une sur laquelle nous insisterons aujourd'hui. Est-il vrai que la saisie-arrêt n'ôte au débiteur saisi la disposition de la chose saisie que jusqu'à concurrence des causes de la saisie, et que la cession du surplus soit valable ?

Est-il vrai que les art. 1242 et 1298, qui interdisent le paiement et la compensation au préjudice d'une opposition, ne l'interdisent que respectivement au créancier qui a fait la saisie, et non par rapport à tous ?

Est-il vrai que le cessionnaire qui a signifié le transport ne pouvant souffrir des conséquences de saisies postérieures à ce transport, et le premier saisissant ne pouvant être lésé par l'effet du transport, ce qui arriverait si l'on admettait alors le concours de nouveaux saisissants qui viendraient amoindrir le gage, il faille admettre, pour le cas du transport, une exception à la règle d'égalité entre les créanciers-saisissants, et créer ainsi un privilége en faveur du premier ou des premiers saisie-faisants ?

Remercions d'abord l'honorable continuateur de Toullier.

En droit, comme en tout, c'est rendre service que de poser franchement les questions. En montrant la connexité de la première des questions ci-dessus avec la seconde, et l'identité de solution que réclament la première et la troisième, M. Duvergier a bien avancé la solution de toutes trois, mais peut-être ceux dont il a invoqué d'abord l'opinion reculeraient-ils s'ils voyaient à quelle conséquence on les mène, et peut-être M. Duvergier lui-même reculera-t-il devant quelques autres résultats contenus dans son principe.

Examinons la première question, celle qui est tranchée en tête de cet article. Nous avons dit qu'elle en renferme plusieurs autres.

Que l'on nous permette de l'affirmer, le seul argument solide dont on puisse étayer le système qu'il nous faut combattre, c'est le degré d'intérêt que mérite encore le débiteur saisi-arrêté, c'est le degré de rigueur qui s'attache à la saisie-arrêt si elle rend la totalité de la somme sur quoi elle frappe indisponible jusqu'à main-levée obtenue, en sorte que, par hypothèse, une opposition pour causes minimes pourrait paralyser une somme énorme. Cet intérêt du saisi a-t-il préoccupé le législateur ? Ce degré de rigueur l'a-t-il effrayé ? Trouve-t-on dans l'ancien droit ou le nouveau, dans les codes civil et de procédure, un article qui le témoigne ? Nous disons : non. Négative que nous allons démontrer, quitte à voir après si l'apparente sévérité de la loi a besoin d'explication ou d'excuse.

Quels sont les articles sur lesquels on s'est appuyé pour s'écarter des règles constitutives de l'opposition saisie-arrêt, et pour méconnaître, à la fin, l'axiôme : que les biens du débiteur sont le gage commun de ses créanciers ? C'est d'abord l'art. 1690 du Code civil, 1242 et 1298 du même Code, puis l'art. 559 du Code de procédure. Analysons-les successivement.

Parmi les commentateurs du Code civil, M. Duranton nous paraît le premier qui ait cru que l'art. 1690 pouvait être ici décisif, et introduisait, en matière de saisie-arrêt, un droit tout nouveau. M. Troplong adopta bientôt après la même idée, et, plus récemment, M. Duvergier la développa ainsi que nous l'avons dit, et passant de l'art. 1690 aux art. 1242 et 1298, il se demanda s'il était permis de supposer qu'après une saisie-arrêt, ce qui excède les causes de la saisie ne peut plus être valablement payé, compensé ou cédé. Avant ces auteurs, l'art. 1690 avait déjà été mis en jeu. Un jugement de Paris en avait tiré argument pour réputer bonne et valable, à l'égard des créanciers derniers-saisissants, la cession opérée par le saisi, en dépit d'une opposition. Mais ce motif du jugement avait été repoussé devant la Cour par l'observation que l'art. 1690, bien loin d'être décisif dans la question, disposait pour un autre cas, et, conformément à la jurisprudence, l'arrêt, fortement motivé d'ailleurs, déclara la cession nulle (28 mars 1820, Sirey, 23, 2, 47). Est-ce le Tribunal ou la Cour qui avait tort ? Les auteurs cités, qui se fondent sur l'art. 1690, ont-ils raison contre la Cour, ont-ils tort avec le Tribunal ? Voyons l'article :

« Le cessionnaire n'est saisi, à l'égard des tiers, que » par la signification du transport. Néanmoins, le ces- » sionnaire peut être également saisi par l'acceptation du » transport faite par le débiteur dans un acte authen- » tique. »

Pour s'armer de ce texte, on a dit : Le cessionnaire n'est saisi, à l'égard des tiers, que par la signification, donc il est saisi par la signification. Or, les créanciers-saisissants postérieurs à la notification sont des tiers, donc, etc.

Nous sommes frappés d'abord de l'altération qu'il faut imprimer à l'article pour l'appliquer à un sujet qui, évidemment, et la Cour de Paris ne s'y est pas méprise, était loin de la pensée du législateur. Ces mots : *n'est saisi que par* indiquent des intentions spéciales au cessionnaire ; ils sont restrictifs, limitatifs de son droit, protecteurs, au contraire, et tout favorables pour les tiers, aux mains desquels c'est une arme. Cependant on veut tourner cette arme contre les créanciers postérieurs à la notification du transport ; on les confondra, pour cela, sous le nom de tiers. On doit donc changer la rédaction et la faire non plus restrictive, mais énonciative, explicative quant aux droits du cessionnaire, pour la rendre ensuite et par induction, limitative quant aux droits des tiers ; et parmi ces tiers on mettra les créanciers-saisissants postérieurs à la notification du transport ; c'est pour les atteindre qu'on veut généraliser l'article et y substituer les mots : *est saisi par,* à ces autres mots : *le cessionnaire n'est saisi que par.*

Mais j'admets, par supposition, cette généralité qui n'est point dans les termes de l'article. J'admets que ces termes soient plutôt explicatifs que restrictifs des droits du cessionnaire eu égard aux tiers. Qu'en conclura-t-on ? Que la cause des créanciers-saisissants postérieurs au transport est perdue ? Qu'ils sont forcément renfermés dans la qualification indéterminée de tiers, et qu'il ne peut y avoir lieu de distinguer là où la loi ne distingue pas.

Je commence par demander aux jurisconsultes qui m'opposeraient l'adage : *ubi lex non distinguit,* combien de fois ils ont distingué là où la loi ne distingue pas. Puis, je réponds que si jamais dérogation de cet adage fut autorisée, c'est ici. Le législateur, écrivant sur la vente, n'avait point en vue la saisie-arrêt. Il ne pouvait surtout avoir en vue d'en changer les bases, que le Code de 1807 a de nouveau établies et consacrées. Il n'aurait pu donner au mot *tiers* de l'art. 1690, le sens qu'on y cherche, sans compromettre, par l'événement du concours des derniers saisissants, la sécurité que les premiers saisissants trouvaient dans leur gage, ou bien sans favoriser les premiers plus que les derniers, et appliquer la maxime : *prior tempore potior jure,* à une matière où elle est inapplicable, car la dette la plus sacrée du saisi peut être celle du dernier des saisissants. Récompenser comme vigilants ceux qui ont été seulement mieux avertis, punir comme négligents ceux qui, ne sachant où prendre leur gage, étaient hors d'état d'agir, et qui ont agi dès qu'ils l'ont su, faire en quelque sorte de la saisie-arrêt le prix de la course, est, selon nous, une théorie qui répugne, et le système qui permettrait aux derniers saisie-faisants de rendre illusoire, par leur survenance, le droit des saisissants primitifs, ne serait pas, selon nous, plus contraire au droit. Entre ces deux résultats, aussi loin l'un que l'autre de la loi et de l'équité, je me demande la raison de choisir : et cependant il faut irréfragablement accepter la chance de l'un ou de l'autre, si l'on veut prêter au mot *tiers* de l'art. 1690, une portée que sans aucun doute il n'a pas.

En vain s'efforcerait-on de prendre un moyen terme et d'imaginer, à l'instar de la Cour de Pau, le 26 février 1835, une espèce de transaction. En vain prétendrait-on que ce sera aux cessionnaires d'indemniser les premiers saisissants du préjudice que la cession suivie du concours des saisissants postérieurs leur fait éprouver. J'appelle ici à mon aide M. Duvergier, qui démontre que ce serait là renverser le principe même que l'on pose. C'est proclamer que les saisies faites après la notification du transport ne peuvent pas nuire au cessionnaire, et néanmoins lui nuiront. C'est se mettre en contradiction avec soi-même. De deux choses l'une : la cession du surplus des causes de la première opposition a été valable ou ne l'a point été. Si elle a été valable, la notification du transport met le cessionnaire à l'abri des suites de tout fait postérieur, et, par conséquent, le dispense de l'indemnité que lui impose, à la légère, un arrêt d'amiable compositeur. Si la cession n'a pas été valable, si le saisi, qui n'aurait pu exiger du tiers-saisi l'excédant des causes de la saisie, n'a pu disposer de cet excédant, n'a pu conférer à des cessionnaires plus de droits qu'il n'en a lui-même, en d'autres termes, si la cession est nulle en tant que cession, qu'importe la signification du transport recommandée à l'article 1690? Signification d'une cession nulle! Cette notification pourra valoir saisie, elle ne vaudra jamais dessaisissement. Et c'est parce que le cessionnaire, ainsi que nous venons de le prouver à la suite de M. Duvergier, serait légalement à l'abri de tout recours de la part du premier saisissant, et que, dès lors, la cession ne peut manquer d'aboutir à une injustice, que nous dirons : la cession est nulle; l'art. 1690 n'a que faire en ce point; ses termes, que nous avons bien voulu supposer généraux pour donner beau jeu à nos adversaires, ne renversent aucun des principes constitutifs de l'opposition; le mot *tiers* ne doit pas s'entendre des créanciers postérieurs à la notification; il y a lieu de distinguer, bien que la loi ne distingue pas; votre prétendue règle générale disparaît devant les règles spéciales de l'opposition, *specialia generalibus derogant,* et vous conviendrez que si, de même que nous le croyons et que les termes en témoignent, la disposition de l'art. 1690 n'est que spéciale, elle n'est pas spéciale aux saisies-arrêts.

Demandera-t-on quels sont donc ces *tiers* dont parle l'art. 1690? La réponse est peu difficile. Ce sont d'abord les cessionnaires subséquents qu'un vendeur de mauvaise foi aurait pu investir. La loi, pour presser la notification, a fait peur au cessionnaire de la mauvaise foi du cédant et des droits de cessionnaires subséquents, contre lesquels la notification seule met en garde. Les *tiers* sont encore les créanciers du cessionnaire, débiteurs du cédant; la compensation n'est autorisée vis-à-vis d'eux qu'après la notification du transport; ces *tiers* sont encore les créanciers du cédant, je parle de ceux qui ont opéré la première saisie-arrêt, le cessionnaire n'a de droit envers eux que par la notification; c'est par la signification seule que cession vaut saisie, d'après l'adage auquel nous avons précédemment fait allusion. Les *tiers* dont parle l'art. 1690 sont encore et par-dessus tous, les débiteurs cédés. C'est à eux que la loi a songé surtout; c'est à eux qu'elle revient dans les trois articles 1689, 1690, 1691. Le débiteur cédé est le tiers par excellence; c'est à ce qu'il eût conscience du transport, à ce qu'il ne fût jamais dans le cas de payer son ancien créancier, que la loi s'est attachée principalement; c'est lui qu'elle a tout d'abord envisagé. Aussi la Cour de Paris a jugé (Sirey, 26, 2, 73) que si le cédé ne réside pas en France, il ne suffit pas que le transport lui soit signifié au parquet du procureur du roi, conformément à l'art 69, N° 9, mais qu'il fallait appliquer l'art. 560, car le motif de ce dernier a été d'empêcher le paiement que pourrait faire de bonne foi le débiteur à son créancier, et ce motif, dit l'arrêt, est le même que celui qui sert de fondement à la disposition qui ordonne la signification du transport.

Ainsi c'est aux débiteurs cédés, aux créanciers premiers saisissants du cédant, aux débiteurs du cédant, qui sont créanciers du cessionnaire, aux cessionnaires subséquents, à d'autres encore, vraisemblablement que se rapporte le mot *tiers* de l'art. 1690. Quant à l'appliquer aux créanciers saisie-faisants après la notification du transport d'une créance cédée en dépit d'une saisie, encore un coup : le législateur n'y a point pensé ; on peut dire qu'il aurait prévenu cette application s'il avait été en lui de la prévoir, et s'il ne l'a pas prévue, c'est qu'au fond elle n'est pas naturelle. En effet, nous le répétons, il en résulte d'abord que tous les principes admis en matière de saisie-arrêt seraient violés, ensuite que le débiteur saisi pourrait conférer plus de droits qu'on ne lui en reconnaît à lui-même ; enfin, que la voie lui serait ouverte, et aussi large que possible, pour se soustraire frauduleusement aux obligations qu'il a contractées et aux mesures légitimes qui le menacent. Est-ce là ce que l'on veut? Certes ce n'est pas ce que la loi a voulu.

On oublie donc l'article 1242 ! (et nous avançons dans notre tâche, car cet article dont nous nous servons pour lever les doutes sur l'art. 1690, est précisément du nombre de ceux qui ont été invoqués dans le système de nos adversaires).

L'article 1242 porte : « Le paiement fait par le débiteur » à son créancier n'est pas valable à l'égard des créanciers- » saisissants ou opposants ; ceux-ci peuvent, selon leur » droit, le contraindre à payer de nouveau, sauf, en ce » cas seulement, son recours contre le créancier. »

Voilà qui est clair : le tiers-saisi ne peut, au préjudice d'une opposition, vider ses mains en celles du saisi ; il ne le peut sans courir les plus grands risques, sanction pénale de l'interdiction de la loi. Sa bonne foi même ne le mettrait pas à l'abri. — Et le saisi qui, pour enlever le gage promis à la masse de ses créanciers qu'il connaît bien, aura profité du caractère incorporel de la chose saisie-arrêtée et l'aura vendue ! Le saisi qui sera de mauvaise foi, le saisi qui, en vendant la chose placée sous la main de la justice, la chose en séquestre, commet une espèce de vol, car si ce n'est pas la chose d'autrui, ce n'est plus sa chose à lui ; le saisi, disons-nous, pourra faire indirectement ce qu'il ne pourrait faire directement. La saisie lui enlève le libre exercice de ses droits sur la chose, et néanmoins il les exerce. Il appelle, et si l'on veut me passer cette image, il aspire à lui partie du dépôt, et à l'aide d'un tel tour d'adresse, il expose les cessionnaires à ce que la Cour de Pau leur prescrive de payer une indemnité, peut-être considérable, aux créanciers premiers-saisissants, dont le gage aura été amoindri par le concours des saisissants postérieurs à la notification du transport, ou bien, selon la théorie plus logique mais également révoltante de M. Duvergier, non-seulement il empêche les derniers créanciers de palper le montant du surplus de la première opposition, mais même il les frustre de venir à distribution sur les capitaux que la première opposition a frappés. La saisie-arrêt, seul moyen qui leur restait de ne pas tout perdre, a péri pour eux. L'habileté du saisi a séché leur droit dans leur main.

Cette issue, à laquelle M. Duvergier se soumet, est de nature à faire que l'on y regarde; bien des gens se réfugieraient pour y échapper dans le système bizarre de la Cour de Pau. Nous croyons que les cessionnaires y mettraient souvent peu d'obstacle, car toutes les fois que la première saisie-arrêt sera beaucoup moins importante que celles auxquelles le saisi peut s'attendre, ce débiteur obéré, à qui il serait impossible de trouver des fonds pour obtenir main-levée, cherchera bien vite et trouvera un prête-nom, un cessionnaire complaisant, sous promesse de le désintéresser en tant que de besoin. Et de la sorte, il s'assurera l'excédant des causes de la première opposition, il dépistera ses créanciers subséquents, enfin il arrivera à ne point payer ses dettes, but unique des débiteurs de mauvaise foi, mais but contraire à la loi, dessein qu'elle contrarie et que contrarie surtout la saisie-arrêt, fondée, ainsi que nous l'avons exprimé en commençant, sur un principe régulateur et contemporain de la société humaine, à savoir : « qu'il faut payer ses dettes. »

La Cour de Pau, à l'arrêt de laquelle nous nous attachons parce qu'il est le premier où une doctrine, qui nous paraît fausse, a pris le dessus ; la Cour de Pau dit dans ses motifs que : « l'art. 1242 ne défend de se dénantir qu'au » préjudice des créanciers saisissants ou opposants, ce qui » exclut l'idée qu'on ne puisse se dénantir au préjudice des » créanciers inconnus et négligents à l'époque du transport. » Remarquons d'abord que c'est l'argument *inclusio unius fit exclusio alterius*, argument d'un poids assez mince, mais cet argument même est-il bien d'accord avec l'article? Ne faudrait-il pas, pour l'appliquer, qu'il ne fût question, art. 1242, que *d'un saisissant*, comme on ne parle que *d'une saisie?* Ces mots : *au préjudice*, ne sont-ils pas synonymes des mots : *au mépris ?* et le mot pluriel : *des saisissants*, ne maintient-il pas, par sa généralité, le droit de tous les saisissants, à quelle époque qu'ils se présentent, ne repousse-t-il pas l'argument tiré de la règle des inclusions, si peu qu'elle vaille.

Toutefois, j'admets la rédaction que l'arrêt suppose. Eh bien! il y aurait lieu d'appliquer la règle des inclusions. Mais quand l'article fut écrit, était-ce contre des créanciers saisissants postérieurs à la signification du transport qu'on le rédigeait. Etait-ce afin que l'antériorité, la priorité établît un droit de préférence entre créanciers dans les saisies? Non, mille fois non. Savez-vous à qui s'applique votre règle des inclusions, et sur quoi elle porte? Elle porte non pas sur les cinq mais sur les sept derniers mots du premier paragraphe de l'article, et elle s'applique tout simplement au créancier payé par le débiteur. On se serait arrêté après ces mots : *n'est pas valable,* mais le créancier saisi lui-même, le créancier payé aurait pu se faire fort de l'article ainsi abrégé ; il a fallu se prémunir là contre, et ne pas fournir de titre à une absurde prétention (1) ; une exclusion implicite suffisait de reste pour cela ; étendre plus loin cette exclusion, c'est en abuser, c'est s'abuser à plaisir.

Cependant, reprend-on, l'art. 1298 dit aussi : *au préjudice du saisissant.* Je réponds : le législateur traitant de la compensation, s'occupait si peu de définir les droits en matière de saisie-arrêt, qu'il ne s'agit pour lui, à l'art. 1298, que de donner un exemple. Il vient d'établir que la compensation n'a pas lieu au préjudice des droits acquis à un tiers. Cette vérité il en signale aussitôt une application, il stipule *exempli gratiâ.* Ne cherchez donc point d'exclusion dans les termes prétendus restrictifs de cet article.

Au surplus, rien ne nous empêche de le prendre à la lettre.

La théorie de M. Duvergier est trop hardie pour rencontrer beaucoup d'adeptes. Or, si l'on convient que les derniers créanciers saisissants pourront venir en concurrence sur le gage des premiers, ceux-ci voient s'amoindrir indéfiniment ce gage ; la compensation leur préjudicie, elle leur préjudicie malgré tout recours contre le tiers-saisi ;

(1) Le paiement, dit Pothier, que fait le débiteur à son créancier est bien valable vis-à-vis de son créancier, mais il n'est plus valable vis-à-vis des créanciers-arrêtants.

car ce tiers-saisi peut contester ; il peut être lui-même en désarroi, et le saisissant n'a plus qu'un droit litigieux, illusoire ou du moins éventuel, au lieu d'un droit acquis et certain. Donc la compensation a lieu au préjudice du saisissant, donc elle est interdite au tiers-saisi dès que sa dette a été frappée de saisie-arrêt, donc l'effet d'une opposition est bien de conserver pour le créancier saisissant et pour tous, donc l'excédant des causes de la saisie n'est pas disponible pour le saisi, donc la cession qu'il en fera sera nulle en tant que cession.

Veut-on un dernier témoignage ? N'est-on pas assez édifié sur le sens des art. 1242 et 1298, et sur la valeur des prétendues limitations qu'ils comportent. Ouvrons le Code au titre du dépôt. Lisons l'article 1944. La pensée des législateurs y paraît sans voile et dans toute sa pureté : ni restriction, ni exclusion, pas plus implicite que formelle ; l'article porte : « Le dépôt doit être remis au déposant aus- » sitôt qu'il le réclame, lors même que le contrat aurait » fixé un délai déterminé pour la restitution, à moins qu'il » n'existe entre les mains du dépositaire, une saisie-arrêt » ou une opposition à la restitution et au déplacement de » la chose déposée. » Ainsi, après la saisie-arrêt, toute restitution, tout déplacement devient impossible. Partiel ou total, la loi, je le dis à mon tour, la loi ne fait pas de distinction. Et de quel point partir pour repousser l'argument que nous en tirons ? Les devoirs du dépositaire envers le déposant sont-ils les moins sacrés de tous ? Le prêteur a-t-il plus de droits envers l'emprunteur, que le déposant vis-à-vis du dépositaire ? Et si la saisie-arrêt transforme en dépositaire légal mon dépositaire, ne pourra-t-elle donner le mandat de dépôt légal à mon débiteur ?

Il est bon de consulter à ce sujet les dispositions d'une loi moderne.

La Chambre des Députés, révisant les codes criminels en 1832, crut devoir s'éloigner un moment des projets de clémence qui la dirigeaient. Le Code pénal, adouci et réformé, contint des peines nouvelles ; et parmi ces peines on remarque celle de l'art. 400, contre le saisi qui aura détruit, détourné ou tenté de détourner les objets saisis sur lui et laissés sous sa garde ou confiés à un tiers. Voyons-nous que cet article, dont la rigueur tout exceptionnelle donne à réfléchir, ait fait la part de ceux qui se sont contentés de détruire ou de détourner l'excédant des causes d'une saisie ? Nullement. Serait-ce un oubli ou une lacune? Pas davantage. Et la discussion (voyez Chauveau, *Code pénal progressif*, p. 318-20) nous apprend pourquoi cette assimilation, cette égalité : c'est que ce n'est pas un vol qu'on punit. « La propriété, dit M. Gaillard de Kerbertin, continue de résider sur la tête des débiteurs saisis. » Mais l'objet saisi est sous la main de la justice, et cela seul le rend sacré.

On nous permettra de trouver quelque force à ces arguments tirés des articles 1944 du Code civil et 400 du Code pénal. Il ne semble pas que les partisans du système que nous combattons s'en soient avisés.

Reste le terrain du Code de procédure. Est-il plus favorable à l'opinion de M. Duranton, à l'arrêt de la Cour de Pau, à la théorie de M. Duvergier? On va voir que non.

M. Duvergier écrit : (continuation. T. 2, p. 228). « La cession conserve son caractère de cession relativement aux créanciers du cédant qui, postérieurement à la signification, feraient des saisies-arrêts. » Et il cite en note Ferrière, art. 108 de la coutume de Paris. Nous n'avons pas sous la main Ferrière, mais nous devons croire que la citation est exacte. Alors rappelons le mot plaisant qu'il n'y a de bon dans Ferrière que ce qui n'est pas de lui, et ajoutons que probablement l'assertion dont il s'agit n'est pas d'un autre. En effet, cette assertion est en désaccord avec tout ce que nous savons de la saisie-arrêt au temps de Ferrière. (Voir Pothier, Denisart, Rousseaud de Lacombe, l'ordonnance de 1667.) Il est incontestable que les rédacteurs du Code de 1807 n'ont fait que se conformer aux doctrines de la législation et de la jurisprudence antérieures quand ils ont posé le principe de l'article 557. Toutes les définitions de la saisie-arrêt confirment cette vérité. L'étymologie même la consacre. Le nom de saisie-arrêt vient de ce qu'elle arrête une chose entre les mains de celui qui doit ; opposition vient de ce que, par là, on s'oppose à ce que le tiers saisi se dessaisisse avant que le saisissant ne le permette ou que le juge ne l'ait ordonné.

Maintenant, s'il est positif que la généralité des termes de l'article 557 reproduit les anciens principes, et si en outre la généralité de ces termes n'est pas déniée, où donc montre-t-on la dérogation dont on excipe? Répondons bien vite que l'on ne la montre pas. Seulement on la voit *percer* (M. Duvergier, t. 2, p. 230) dans l'art. 559. Percer, soit, mais alors ce n'est qu'un germe de dérogation. Certain personnage des contes de fées, nommé Fine-Oreille, entendait pousser les plantes. Les sens du commun des hommes ne sont pas si fins. Une dérogation bien explicite n'eût pas été de trop pour porter atteinte à un droit admis de vieille date et tout à l'heure formellement reconnu à l'art. 557. Examinons pourtant la valeur de cette tacite dérogation, ancre de salut de nos adversaires.

L'art. 559 prescrit au saisissant d'énoncer outre le titre de la saisie-arrêt, la somme pour laquelle elle est faite; or, avance-t-on, c'est afin que le saisi sache ce dont il ne peut plus disposer et ce qui, au contraire, reste libre. A quoi nous disons : Un intérêt de système vous égare. Vos inductions sont plus que hardies. Le but naturel de cette prescription est de mettre le saisi à même de faire des offres réelles au créancier, et d'obtenir plus facilement main-levée. Votre tacite dérogation ne prendrait quelque consistance que si la prescription dont vous arguez l'avait nécessairement pour objet, tandis que notre explication est plus naturelle que la vôtre. Aussi est-ce la véritable.

C'est en vue des offres réelles que l'énonciation du montant des sommes est prescrite, comme c'est aussi dans ce but que l'élection de domicile au lieu où demeure le tiers-saisi est ordonnée.

Le tiers-saisi a le droit (V. tarif, 146. Carré, 1981.) de retenir sur les sommes dont il est débiteur les frais de déclaration, y compris indemnité de voyage, plus les dépens. Si l'art. 559 encourageait le saisi à disposer du surplus des causes de la saisie, c'est donc sur les sommes dues au saisissant que la loi aurait entendu faire opérer les retenues en question. Cela n'est guère probable. Mais voici qui doit mener à la certitude.

Le décret du 18 août 1807 (à l'exemple de la loi du 30 mai 1793 sur le Trésor) stipule art. 4 que les saisies faites entre les mains des caissiers ou dépositaires publics ne vaudront que jusqu'à concurrence des causes de l'opposition. Si le passage de l'art. 559 signifie ce que nos adversaires lui font dire, cet article du décret est donc une redondance. Quant à nous, nous y voyons une exception. Cette exception, nous en trouvons le motif dans la faveur accordée par l'État aux fonctionnaires, et de plus dans la garantie que présentent les caissiers et dépositaires publics à la différence des tiers-saisis de la collusion desquels il a été sage de se défier. (Voir notre examen de l'article 577. Numéro du journal des Avoués d'août 1835, page 210). Et nous concluons que c'est le cas ou jamais d'appliquer l'aphorisme connu : *exceptio firmat regulam in cœteris.* Donc l'excédant des causes de la saisie n'est pas disponible.

Nous avons successivement parcouru toutes les raisons des antagonistes et nous n'en avons pas laissé une sans réponse. M. Duranton dit en dernier lieu contre les créanciers saisissants postérieurs à la cession et qui invoquent l'empêchement produit par toute opposition : *Res inter alios acta. Res inter alios acta* est un brocard dont l'élasticité n'est pas sans inconvénients. Ne le prodiguons donc pas. Il est facile de prouver qu'il manque d'à-propos dans ce débat. Et ceux de nos adversaires qui décident que l'opposition faite avant le transport donne un droit aux premiers saisissants à l'encontre des derniers ne peuvent pas dire *nec nocet, nec prodest.* D'ailleurs, M. Duranton ignore-t-il qu'on a quelquefois, par le moyen d'un autre, des droits qu'on n'aurait pas de son chef. N'a-t-il pas émis dans son analyse de l'art. 1496 ce principe, qui est parfaitement vrai. Nous croyons avoir démontré le vœu du législateur sur la matière, de façon que nul brocard ne prévaille.

Faut-il actuellement avant de finir, assigner des motifs à cette rigueur de la loi envers les saisis. Nous y sommes disposé. Nous ne dirons pas : les pouvoirs laissés aux saisissants à l'art. 557 sont exorbitants, d'accord, mais ils sont écrits : *Dura lex sed scripta lex.* Nous dirons : la loi devait choisir entre l'intérêt du débiteur et les droits acquis, les garanties, la sécurité des créanciers; elle a fait son choix. Votre hypothèse d'une somme énorme paralysée pour causes minimes est inadmissible, car si le saisi, débiteur rebelle, n'est pas obéré, nul doute qu'il ne trouve sur-le-champ les fonds nécessaires pour obtenir main-levée. La situation du commerce en fait foi. S'il est obéré ou de mauvaise volonté, la rétention des sommes saisies n'est pas moins utile que légitime. D'autre part il n'y a certes rien d'étonnant à ce que la loi ait moins bien traité le débiteur pur et simple que le débiteur propriétaire foncier. D'autre part encore on peut affirmer que l'intérêt bien entendu des emprunteurs est de concéder le plus de caution possible aux prêteurs. La confiance est à ce prix. Les mêmes raisons d'où l'on a tiré pour tout commerçant la faculté de s'assujettir à la contrainte par corps et d'engager ainsi sa personne, ces raisons militent pour ce que vous nommez la rigueur des saisies-arrêts. En définitive, le mouvement des affaires y gagne, l'entêtement et la fourberie sont seuls susceptibles d'en souffrir.

Nous serions heureux que l'examen auquel nous nous sommes livré eût quelque influence sur les magistrats et pût ramener la jurisprudence à des principes dont il a été périlleux de s'écarter.

(Douai. 1836.)

(Inséré à la *Revue de Législation*, tome VI.)

L'ADMISSION DE L'EXCUSE NE PEUT EMPÊCHER D'ADMETTRE LES CIRCONSTANCES ATTÉNUANTES. LES ARTICLES 326 ET 463 S'APPLIQUENT A LA FOIS.

On l'a dit avant nous (1) : S'il est vrai que toute erreur porte tôt ou tard un mauvais fruit, la maxime est principalement fondée en ce qui regarde le droit criminel. Sur ce terrain, le mauvais fruit mûrit vite. L'erreur s'y traduit, dès l'abord, en arrêts, qui, par le fait, sont des injustices. Il est donc utile, en cette matière, de contester tout point contestable, de protester contre toute doctrine erronée ou fausse, et l'utilité redouble alors que les doctrines fausses ont apparu sous certains auspices; car elles sont plus dangereuses en raison du nom ou du talent qui les recommande ou de la sanction qui les soutient.

Ceci explique pourquoi nous venons, bien qu'un peu tard, nous constituer l'adversaire d'une théorie émise (2) par l'honorable M. Garnier-Dubourgneuf, avocat-général à la Cour royale de Riom, aujourd'hui juge au tribunal civil de la Seine.

(1) M. Mesnard, *De l'administration de la Justice criminelle en France*, Poitiers, 1832.

(2) Voir le journal *le Droit*, du 23 juin 1836.

L'admission de l'excuse prévue par la loi peut-elle empêcher l'application des circonstances atténuantes? Un homme est coupable de blessures qui ont occasionné une incapacité de travail pendant plus de vingt jours ; le jury décide que des provocations ont rendu le fait excusable ; d'autre part, l'existence de circonstances atténuantes est reconnue ; la peine du condamné sera-t-elle réduite eu égard aux deux solutions? Ou quand toutes deux lui sont acquises, n'en est-il qu'une qui lui servira? Telle est la question que soulève M. Garnier-Dubourgneuf, question par lui décidée en définitive au préjudice, et qui, selon nous, doit l'être en faveur du condamné.

L'on conçoit la différence des résultats : la répression ne pourrait descendre au dessous de six mois d'emprisonnement dans un cas; dans l'autre, elle peut s'abaisser au taux des peines de simple police. (Voir l'article 309, 326, 463).

M. Garnier-Dubourgneuf constate que le condamné semble avoir deux moyens pour un d'échapper à toute l'intensité de la peine.

En effet, les derniers paragraphes des art. 463 et 326 sont ainsi conçus : Art. 326. *S'il s'agit d'un délit, la peine sera réduite à un emprisonnement de six jours à six mois*. Art. 463. *Dans tous les cas où la peine de l'emprisonnement et celle de l'amende sont prononcées par le présent code, si les circonstances paraissent atténuantes, les tribunaux correctionnels sont autorisés à réduire l'emprisonnement même au-dessous de six jours, et l'amende au-dessous de seize francs; ils pourront aussi prononcer séparément l'une ou l'autre de ces peines, et même substituer l'amende à l'emprisonnement, sans qu'en aucun cas, elle puisse être au-dessous des peines de simple police.* Peu importe donc l'ordre qu'on suive : soit que l'admission des circonstances atténuantes, soit que l'excuse spéciale opère d'abord et substitue à la réclusion, soit les peines de l'article 401, soit l'emprisonnement de six mois à deux ans, le § 4 de l'art. 326, ou 7 de l'art. 463, s'accordent à prêter au condamné leur appui. Ses intérêts ne sont point gravement en jeu dans cette alternative.

La première marche qui, sans nul doute, est la régulière, réduit six jours ; l'autre méthode, à un jour d'emprisonnement ou même à un franc d'amende, le minimum de la pénalité. Comment M. Garnier-Dubourgneuf part-il de là pour fermer aux condamnés la double voie qu'il leur a ouverte, et pour signaler dans la loi une lacune qui les priverait en partie de l'atténuation à laquelle on ne peut nier qu'ils aient droit? Tout l'obstacle est, selon lui, dans un mot ; mais dans les deux hypothèses cet obstacle existe, invincible, insurmontable : que l'autorité législative s'entremette et y remédie! Relisez l'art. 326, § 2 qui régit l'excuse spéciale : *S'il s'agit de tout autre crime, la peine sera réduite à un emprisonnement de six mois à deux ans*. Maintenant, voyez les termes des art. 463, § 7, et 326 § 4 ; n'est-il pas évident qu'aucun des deux n'est applicable, puisqu'il faut, ou que le crime devenu *délit* se trouve justiciable des tribunaux correctionnels, § 7, ou qu'il s'agisse d'un *délit*, § 4 ; le § 2 nous apprend qu'il s'agit d'un *crime*. A la vérité, si l'admission des circonstances atténuantes a produit d'abord son effet, elle a changé en peine correctionnelle la peine infamante ; si c'est d'autre part l'excuse légale, celle-ci a substitué à la réclusion un emprisonnement qui peut descendre à six mois ; mais parce que l'infraction n'est punissable que correctionnellement, est-ce une raison pour appliquer le § 4 qui dit *s'il s'agit d'un délit ?* Parce que l'emprisonnement est une peine correctionnelle, serait-ce un motif d'arriver à l'application du § 7, en vertu duquel les Cours d'assises jugeraient comme tribunaux correctionnels ? Certainement non. L'article 326 conserve la qualification de crime ; l'admission de circonstances atténuantes, non plus que la reconnaissance de l'excuse légale ne fait du crime un délit.

Telle est intégralement la doctrine de M. Garnier-Dubourgneuf, nous croyons ne l'avoir point dénaturée. Voyons donc comment il la démontre, car tout théorème réclame sa démonstration. Et ici la démonstration n'est pas acquise. Il y a un point où nous n'avons, jusqu'à présent, qu'une assertion. Ce n'est pas un axiôme.

Érigez votre affirmation en principe ; prouvez contre nous, contre bien d'autres, que l'admission des circonstances atténuates, non plus que la reconnaissance de l'excuse légale, ne modifie l'acte criminel de telle sorte qu'elle en fasse un délit. Jusqu'alors tout est en question.

M. Garnier-Dubourgneuf nous a entendu. Il a continué. Il a abordé le terrain où l'entraînait la logique, mais, osons le dire, il ne semble pas assez comprendre que tout est là, que là doit être la pierre angulaire de son édifice, le centre d'où la lumière doit rayonner. L'argumentation dans cette partie du travail de M. Garnier-Dubourgneuf est exiguë, ou, si l'on veut, il n'a pas donné de justes proportions aux diverses parties du travail dont il livrait la connaissance au public. Nous croyons, du reste, que ce défaut tient moins à l'écrivain qu'à la cause.

Reproduisons textuellement, crainte de l'affaiblir, l'argumentation susdite : on appréciera si l'étendue est la seule qualité qui lui manque.

M. Garnier-Dubourgneuf, s'apercevant que l'art. 1er de nos lois pénales ne lui est pas favorable, mais protége au contraire les condamnés, s'exprime ainsi :

« L'article 1er du Code pénal porte, il est vrai, que l'infraction que les lois punissent d'une peine correctionnelle est un *délit,* et que celle que les lois punissent d'une peine afflictive ou infamante est un *crime*. Or, le fait qui nous occupe n'étant passible que d'une peine correctionnelle (C.P. 9) il semble qu'il constitue un simple *délit*. Ce n'est pas ainsi que l'on doit entendre la définition du Code pénal, qui considère l'action abstractivement et sans avoir égard aux circonstances modificatives de la pénalité. La loi, en effet, admet dans la culpabilité, et, par suite, dans la punition, des nuances et des variétés ; mais l'infraction commise reste extérieurement la même. Il faut donc, pour déterminer la qualification qui appartient à un fait, sans s'arrêter à la condamnation prononcée, rechercher la peine qui pouvait l'être indépendamment des motifs d'atténuation. Cette doctrine, qui, nous l'avouons, n'est pas satisfaisante, peut être contestée ; mais elle est conforme à la loi, et la Cour de cassation l'a adoptée dans un grand nombre d'arrêts. »

Laissons de côté cette espèce d'inconséquence, de nier qu'on doive entendre un article d'une façon, lorsque bientôt on confesse qu'à l'appui de cette dénégation dont les effets seront rigoureux, on n'a, en somme, qu'une doctrine contestable et qui n'est pas satisfaisante. Laissons cela, et prenons de front la doctrine, puisque M. Garnier-Dubourgneuf la tient pour sienne, de même que la Cour de Riom l'a mise en pratique dans un arrêt que le magistrat rappelle. *On ne doit pas entendre ainsi*, dites-vous, la définition du Code pénal ; mais remarquez qu'on ne peut l'entendre de deux manières, rien au monde ou dans une loi quelconque de plus précis, de plus net, de moins ambigu. *Il considère l'action abstractivement*, etc, mais de bonne foi, et si nous entendons les mots de la langue, ceci est le rebours du vrai. Loin de juger abstractivement, le Code a répudié l'abstraction; il s'attache à la circonstance concrète, matérielle, extrinsèque, en un mot, à la pénalité; il qualifie chacun des actes l'œil fixé sur elle, il la prend pour point de départ, pour échelle, pour mesure, et on le lui a reproché (1). Le reproche était exagéré, M. Rossi a été trop loin, cette définition n'est point immorale, son plus grand tort est de vouloir créer un principe générateur de compétence, tandis qu'elle nécessite une sentence préalable pour déterminer la juridiction devant laquelle l'auteur d'un fait sera poursuivi. C'est notre opinion, mais toujours est-il que, si le législateur ne fait point dans l'article 1er complète abstraction du caractère moral des faits, on pousse trop loin le paradoxe de dire qu'il ne tient point compte de la peine, de la condamnation.

Poursuivons. La loi, ajoute M. Garnier-Dubourgneuf, *admet dans la culpabilité, et, par suite, dans la punition, des nuances et des variétés, mais l'infraction commise reste extérieurement la même.* Quoi! ces nuances (puisque *nuance* est le mot dont on se sert), modifient la culpabilité du fait et la punition, c'est-à-dire qu'elles l'imprègnent et le pénètrent tout entier, dans son principe et ses résultats, dans sa source et dans ses effets, néanmoins l'infraction reste extérieurement la même! Et pourquoi cela? Pourquoi cette autre chose (car vous ne pouvez disconvenir que ce ne soit plus la même chose) s'appellerait-elle du même nom? Comment le fait est-il traversé de part en part, car la culpabilité et la punition sont deux points extrêmes, points corrélatifs ou plutôt indissolublement unis; comment, disons-nous, le fait est-il traversé

(1) Voyez MM. Hélie et Chauveau, *Théorie*, tome I, et M. Rossi, *Traité du Droit pénal*, introd. p. 54.

par la circonstance modificative, sans qu'elle le touche dans un point intermédiaire, comment, ce qui est mathématiquement faux, serait-il rationnellement vrai? Qu'on dise qu'une chose est la même intérieurement, bien que changée à l'extérieur, on le conçoit. Mais l'inverse est moins facile à comprendre, et quant à la transmutation, telle qu'il vous plaît de la supposer, transmutation sans métamorphose, c'est un mystère contre lequel la raison se révolte autant que la conscience repousse les conséquences que vous en tirez.

M. Garnier-Dubourgneuf répondra que la théorie *n'est pas satisfaisante*. Oh! certes, elle ne l'est pas, et si l'homme à qui la Cour d'assises du Puy-de-Dôme en a fait l'application le 17 février 1833, y a réfléchi pendant des mois de détention surérogatoire, il ne l'aura pas non plus trouvée telle. Mais pourquoi adoptez-vous ce qui ne vous satisfait pas, et pourquoi chercher des prosélytes à telle doctrine en la soutenant de votre talent?

Elle est conforme à la loi, et la Cour de cassation l'a adoptée dans un grand nombre d'arrêts. Pour ce qui est d'une conformité avec la loi, nous avons démontré que vous êtes en pleine contradiction avec elle, art. 1er. Est-ce un autre article de loi dont s'appuie votre doctrine? Quel est-il? Citez-le. Sans doute, ce n'est pas de l'article 326 § 2, que vous entendriez parler, puisque nous discutons précisément le sens de ses termes.

Nous croyons qu'un examen plus attentif aurait laissé à

ce mot de *crime*, dans l'art. 326, moins d'importance que M. Garnier-Debourgneuf ne lui en prête. On sait que la rédaction de ce § n'est que la reproduction exacte ou peu s'en faut du § 2 de l'article 646 du Code de brumaire an IV. Après une disposition relative au meurtre, ce Code portait : « S'il s'agit de tout autre délit, le tribunal réduit la peine établie par la loi à une punition correctionnelle qui, en aucun cas, ne peut excéder deux ans d'emprisonnement. » Le Code de 1810 a fixé un minimum, et il a substitué le mot *crime* au mot *délit*. De cette substitution que conclure? rien autre chose, si ce n'est qu'ayant remplacé par des classifications le mot générique de délit inscrit au sommet du Code de brumaire, et voulant différencier en cas d'excuse, la répression des faits punis de la réclusion ou des travaux forcés, d'avec celle des faits punis de mort, ou de peines perpétuelles, le législateur, vu la définition de l'article 1er, a mis dans le § le mot *crime*, là où était l'autre mot. Et il était impossible de ne pas opérer cette substitution, comme aussi il est impossible à M. Garnier-Dubourgneuf d'en déduire la moindre raison valable dans la discussion actuelle. En effet, c'est d'un crime qu'il s'agit, quand le législateur parle du fait susceptible d'être modifié par la constatation d'une excuse; mais quand il parle du fait modifié par l'excuse, de ce fait qui va être puni de deux mois à deux ans d'emprisonnement, l'infraction changée à la fois de fond et de forme n'est plus crime, elle est délit. Supposé qu'au lieu des mots : « S'il s'agit de tout autre crime, la peine sera réduite à un emprisonnement, etc. » la lettre de la loi fût : « S'il s'agit de tout autre crime, il sera puni d'un emprisonnement, etc. M. Garnier-Dubourgneuf pourrait trouver là une ombre, un prétexte, un fantôme d'argument. La lettre apparente de la loi serait pour lui. En présence de l'article tel qu'il est au Code, cette ombre même n'existe pas, la subtilité est sans ressource.

Faut-il observer que le fantôme d'argument ne tiendrait guère devant l'article 1er, et démontrer de nouveau l'erreur de M. Garnier-Dubourgneuf, qui pense que dans le système du Code on doit, pour déterminer la qualification qui appartient à un acte, non pas s'arrêter à la condamnation prononcée, mais rechercher la peine qui pouvait l'être, indépendamment des motifs d'atténuation, nous n'avons que l'embarras du choix dans les preuves qui ressortent des délibérations législatives de 1832? Nous citerons seulement cette phrase du garde-des-sceaux à la Chambre des Pairs, dans son exposé des motifs du nouvel article 463 (voyez Code pénal progressif, page 349) : « L'inflexibilité dans la fixation de la peine renferme dans des catégories trop étroites des faits qui se ressemblent par le nom et diffèrent par leur essence ; la conscience proteste contre ces assimilations. » Donc, c'est la fixation de la peine qui établit les classifications légales ; donc, la flexibilité ou mieux la modification de la peine arrache à d'injustes catégories des faits qui en sortent par leur essence ; donc, le législateur de

1832 entend comme nous une définition qui, du reste, nous le répétons, ne peut s'entendre de deux manières ; donc, les circonstances atténuantes d'un acte et de la peine qu'il encourt, atténuent également la qualification sous laquelle on l'avait enveloppé, et qui peut le plus, peut le moins.

Ce que nous disions en dernier lieu, que le crime devient délit dès que l'excuse est constatée, trouve aussi sa démonstration dans l'ensemble des discussions législatives que l'on peut toujours consulter avec tant de fruit. Nous nous bornerons encore à de courts passages parmi beaucoup d'autres explicites. Le rapport de la Chambre des Députés avait dit : « Le caractère moral des faits peut varier dans les débats, l'admission des circonstances atténuantes n'a d'autre objet que de faire constater ces changements, de rectifier *l'incrimination* (Code pénal progressif, p. 134). Le garde-des-sceaux dit à ce sujet : « Les cas d'excuse légale, peu nombreux, susceptibles d'être nettement articulés et définis, changent beaucoup plus gravement que les circonstances atténuantes et le caractère moral du fait et la détermination, juridique de la répression. » M. de Bastard dit ensuite à la Chambre des Pairs : « Les faits d'excuse n'ont besoin aujourd'hui pour être légalement reconnus que de réunir cinq voix dans le jury. Cette disposition se justifie lorsqu'elle s'applique à un fait déterminé, et dont la constatation enlève à l'acte poursuivi toute la *criminalité.* »

Il nous paraît inutile d'insister davantage. L'article 11

de la loi de juin 1824, la défense écrite article 463, de jamais abaisser les peines pour délits, au-dessous des peines pour contravention, certains motifs qui déterminèrent à admettre le système des circonstances atténuantes, fourniraient encore, au besoin, des moyens à notre thèse. Nous pourrions en puiser dans la dissertation de M. Garnier-Dubourgneuf lui-même : il cite un arrêt sagement rendu le 27 août 1832, dans une espèce où les articles 463 et 326 prêtèrent concurremment leurs bienfaits à un condamné pour meurtre. Nous demanderions à notre adversaire s'il ne sent rien qui le blesse à ce qu'un degré de culpabilité de moins constitue un véritable désavantage : Mais encore un coup, nous croyons en avoir dit assez.

(Lille, 1837.)

(Inséré à la *Revue de Législation*, tome XIII.)

PAPETERIES. — EXISTENCE DE L'ANCIEN RÈGLEMENT QUI LES CONCERNE.

Parmi les problèmes les plus ardus, mais aussi les plus dignes d'intérêt, du droit criminel, il faut compter ceux dont la solution forme en quelque sorte le point d'intersection entre la sphère de la loi pénale et les données de l'économie politique. C'est alors que le besoin d'unir les sciences pour les féconder se fait sentir, et qu'on porte surtout envie à ces quelques hommes à double talent que la *Revue de Législation* reconnaît avec prédilection pour ses collaborateurs. Nous avons nommé un illustre Pair, naguère professeur du Collége de France, et le digne auteur du *Traité des sociétés*.

La question, si débattue, de l'applicabilité de l'art. 419 au commerce des transports, n'est peut-être pas plus délicate, plus usuelle et importante que celle de l'existence ou de l'abrogation de certains édits et autres statuts, spéciaux à telle ou telle industrie. On sait que sur la première de ces questions un grand magistrat à qui la science de la production et de la distribution des richesses verse de bien près des jets de lumière, s'est énergiquement prononcé pour l'affirmative ; essayons de voir quels pourraient être, sur la seconde, et l'avis de M. Dupin et celui de la Cour, pour qui cet avis est toujours d'un si grand poids. Un journal judiciaire a annoncé qu'un pourvoi formé contre un arrêt de la Cour de Bourges, en date du 23 août 1839, devait être soumis à leur appréciation.

Au premier rang des manufactures ainsi réglementées, il faut mettre les fabriques de papier. La continuité de travail qu'elles exigent, les frais préalables qu'elles nécessitent, enfin, les mœurs mêmes des ouvriers qui s'y emploient, et qui font d'eux comme de ceux à l'aide desquels cette industrie se prépare et se complète, une classe à part, tout concourait à soumettre les établissements dont il s'agit à l'empire d'une direction uniforme. Les papeteries dont le nombre s'élève aujourd'hui à plus de deux cents en France, et qui occupent plus de cinq mille bras, sont une branche considérable de la richesse de l'arrondissement auquel nous avons l'honneur d'être attaché. Examinons la difficulté en ce qui les touche (1).

La législation relative aux papeteries date de deux époques : une ordonnance de 1739, à laquelle vient s'ajouter, comme un titre de recommandation, le nom du chancelier d'Aguesseau, puis un décret du 26 juillet 1791, un autre du 23 nivôse an II, un arrêté du 16 fructidor an IV, tels sont les divers éléments qui la composent. Subsiste-t-elle ou les règlements révolutionnaires ont-ils

(1) Voyez un article intéressant de M. Blanqui : *Encyclopédie moderne*, t. XVII., et un extrait du *Statistical illustrations*, revue britannique, août 1839.

abrogé l'édit de Louis XV, pour être ensuite abrogés eux-mêmes par la loi du 22 germinal an XI, que quelques auteurs qualifient de Code des manufactures ?

C'est la négative que nous soutenons, et nous ne craignons ni la fin de non-recevoir tirée d'une différence de mœurs et d'état de choses, ni l'argument emprunté aux lois des 4 août 1789, 17 mars 1791, concernant les corps et métiers ; la reproduction textuelle des dispositions de l'ordonnance dans l'arrêté, écarte, au besoin, ce reproche, assurément mal fondé ici, d'inconciliabilité avec nos mœurs, et la loi suppressive des maîtrises et jurandes, étrangère à l'objet de la discussoin actuelle, n'a nullement détruit l'édit spécial.

Maintenant, la loi de germinal a-t-elle, en effet, la puissance abolitive que trop souvent on lui prête ? L'édit de 1739 se trouve-t-il englouti, avec beaucoup d'autres, dans ce qu'on nomme mal à propos, selon nous, un gouffre d'abrogation ?

Rectifions, s'il se peut, quelques idées fausses.

Les besoins d'ordre qui se faisaient sentir dès l'an IV, au moment où le Directoire commençait, et c'est sa gloire, à leur donner satisfaction, en germinal an XI, dominaient tout. On avait organisé le notariat, réorganisé la médecine : les examens, les réceptions s'y trouvaient rétablis. On s'éloignait chaque jour davantage des errements et des principes de la révolution, dont on s'abstenait, pour la première fois, de célébrer publiquement l'anniversaire ; la loi antirépublicaine sur les changements de noms était votée, les colléges et l'Université, l'Institut avec les *quarante* de plus et une classe de moins, reparaissaient à la fois : le retour vers l'ancien régime frappait tous les yeux.

Quel fut, quel put être l'esprit de la loi votée alors sur les fabriques, manufactures et ateliers ? Etait-ce aux théories de Turgot que le pouvoir, si antipathique aux *sciences morales et politiques*, allait se reprendre? Etait-ce à l'enthousiasme de cette nuit du 4 août, dans laquelle les maîtrises et les jurandes avaient péri, elles aussi, sur la motion d'un prélat? Non, la pensée de faire des ruines, de continuer l'œuvre de destruction, de rechercher pour le détruire si quelque débris de l'ancienne réglementation industrielle n'aurait point échappé à la cognée révolutionnaire, ou survécu à une Saint-Barthélémy, sur le caractère de laquelle on était fixé; cette pensée ne vint à personne. On se demandait, et l'on s'est souvent demandé depuis si le système des corporations n'était pas, en définitive, quelque chose de regrettable; leur rétablissement, plus d'une fois conseillé au premier Consul, figurait à l'ordre du jour, et semblait annoncé déjà par un arrêté récent, relatif au commerce de la boucherie (t. 14, p. 1, de la collection de Duvergier). Consultons le discours de M. Regnault au Corps législatif, les mémoires de M. Thibaudeau, tout nous convainc qu'il s'agissait de soumettre au frein d'une police quelconque, les innombrables professions qui n'en reconnaissaient plus, et point du tout d'abolir tel ou tel statut exceptionnel, dont un certain nombre de fabrications exceptionnelles aussi relevaient encore. Les papeteries ne devaient être touchées par la loi nouvelle qu'autant qu'elles l'avaient été le 17 mars 1791, par l'abolition des lois anciennes, auxquelles la nouvelle avait pour objet de suppléer. Or, nous avons déjà rappelé ce qui résulte des termes du préambule de l'arrêté du Directoire.

L'esprit de la loi résiste donc à cette supposition d'abrogation. Arrivons au texte. L'article 11, siége de la difficulté, est ainsi conçu : « Nul individu employant des ouvriers, ne pourra recevoir un apprenti sans congé d'acquit, sous peine de dommages-intérêts envers son maître. » N'est-il pas vrai que conclure de là à l'abolition des pénalités reconnues en vigueur, c'est aller trop loin, c'est abuser du raisonnement, c'est fouler aux pieds toutes les règles de l'interprétation des lois? C'est cependant ce que nous avons vu faire! Et depuis quand donc les lois dérogent-elles ainsi l'une à l'autre, sans qu'il existe de contrariété ou d'opposition entre elles? le corps du droit nous paraît à nous comme un acte immense, dont chaque article s'interprète *potius ut valeat quam ut pereat.* Admettre que deux dispositions se combattent quand elles peuvent se combiner, se coordonner, se corroborer l'une avec l'autre et l'une par l'autre, c'est ce qui s'appelle créer des antinomies, c'est, en d'autres termes, s'ériger en législateur.

On a objecté que comme la législation des papeteries répartit l'amende par moitiés entre le Trésor et ceux auxquels l'infraction commise préjudicie ; on ne peut croire que le fabricant trouvât encore dans l'article 11 de la loi de germinal, la faculté d'obtenir une indemnité dont il serait déjà nanti. Mais signaler un pareil résultat comme anormal, c'est oublier ce qui se passe dans d'autres matières, et notamment d'après la loi du 30 avril 1790 et celle du 15 ventôse an XIII, en matière de chasse et de postes. De même que sa part d'amende ne dédommage pas toujours le propriétaire ou le maître de poste, dont on a, soit usurpé le terrain, soit violé le privilége; de même une indemnité de 150 fr. peut être loin de réparer le dommage que cause à un papetier le départ d'un ou plusieurs ouvriers, et alors quoi d'étonnant qu'il trouve écrit dans l'art. 11 de la loi de germinal, le principe protecteur que les auteurs du Code civil s'apprêtaient à consacrer à tout jamais quelques mois après ? (Livre 3, titre 4, chapitre 2.)

La loi de germinal n'a point détruit la législation des papeteries, et elle a bien fait de ne point la détruire. Les centres de création où la production s'effectue sur grande échelle, où la force de l'homme s'accroît et se multiplie à l'infini par l'adjonction des forces de la nature ; les papeteries, les hauts-fourneaux, les usines, en un mot, veulent une place sinon au-dessus, du moins en-dehors des autres fabriques, comme l'article 524 du Code civil les a placées à part aussi au titre de la distinction des biens. Qui ne voit que de pareils établissements sont forcément hors la loi commune ! D'un côté, les offres de bras y sont plus rares, le marché en est plus restreint; les ouvriers ne peuvent pas s'y improviser, en quelque sorte, ainsi qu'ailleurs, et se suppléer les uns aux autres, l'apprentissage, le noviciat, est très-long; mais ce n'est pas tout, le caractère privatif des usines, c'est d'exiger au préalable beaucoup de frais de début, il faut l'entourage d'un puissant matériel, il faut un local *ad hoc*, approprié, dispendieux; enfin quelques-unes des opérations requièrent impérieusement, nous le répétons, la poursuite et la continuité des travaux: les déserter c'est tout perdre. Quiconque a vu le spectacle de l'extraction des pots ou de la fusion des pièces dans les verreries ou dans l'une des fonderies, nous comprendra: pour les papeteries, ces moments critiques sont des plus fréquents. Eh bien! si l'ouvrier quitte sans crier gare, sans avertir ceux qui doivent aviser à le remplacer, la ruine du maître s'ensuit. Supposé qu'on aille vous chercher là-bas, avant dans les terres, où presque toujours l'industrie en question se confine; supposé que les bras exercés, instruits, expérimentés, soient disponibles, le retard seul cause un tort majeur: la réussite du travail entrepris est compromise, la campagne est manquée peut-être, ou le moulin dort, la machine chôme, et ce chômage c'est le deuil des fabricants, ce sommeil là c'est leur mort. *Lethi consanguineus.* Non seulement vous trompez l'attente de vos commettants, vous manquez à vos commandes (péril que courront, ainsi que vous, si l'on veut, les divers entrepreneurs que suffit à protéger l'art. XI de la loi de germinal), mais en outre, vous avez à subir la perte des intérêts de ce capital engagé au fond de votre exploitation, trop heureux si vous sauvez quelque chose des matériaux, dont quelque opération avortée exigeait l'avance, et dont il ne reste, la plupart du temps, que scories, pourriture, cendre et fumée. Mesurez l'abîme, et dites si les séductions de l'embauchage mises en jeu par des rivaux imprudents, par des concurrents coupables, ne sont point à craindre : là aussi l'on n'empruntera *les armes de la liberté du commerce que pour l'étouffer. La féodalité industrielle marchera à la conquête du monopole, sous le drapeau du laisser-faire.* Ceux qui demandent en quoi la société à plus à souffrir de l'inexécution des obligations de tels et tels ouvriers que de celles de tous les autres n'ont pas assez réfléchi, et loin que l'état de faiblesse de l'industrie naissante ait pu seul justifier les règlements, dont l'abrogation est pour deux ou trois journaux une thèse favorite, plus le domaine du travail humain va se développer et s'étendre, ses foyers et ses moyens d'action s'agrandir, plus s'augmentera la nécessité de veiller à l'exécution des contrats individuels, à l'aide desquels l'industrie marche ! plus utiles seront les barrières qui s'opposent à ces abîmes, sauvent de ces piéges que nous venons d'indiquer. Il faudrait inventer le règlement de 1739, s'il n'existait pas, et nous en disons autant de ceux analogues.

L'exposé des motifs du Code de 1810 nous fournit encore un argument peremptoire. On sait que M. Réal, dans son discours du 10 février, a pris soin d'énumérer les diverses dispositions pénales dont l'art. 484 a pour but d'assurer le maintien, si cette énumération n'est pas complète, la valeur des monuments législatifs qui s'y trouvent signalés n'en est, à coup sûr, que plus incontestable, or, nous y voyons figurer (Locré, t. 33) *les règlements sur les manufactures, fabriques et ateliers.* Quelles sont donc les dispositions *pénales* dont parle ici l'orateur ? On ne dira pas que ce sont celles édictées par la loi de germinal, les seules qu'elle contient lui sont empruntées par le Code, qui les modifie ; évidemment ce sont celles que nous présentons comme en vigueur. Ajoutons que MM. Mars et Garnier-Dubourgneuf, dans leurs recueils, Merlin et Favard, dans leurs répertoires, s'accordent à reproduire, en le commentant, l'arrêté du 16 fructidor an IV ; c'est enseigner en même temps l'existence de la loi dont il émane et sur laquelle il se fonde.

Quant à la jurisprudence, il ne faut la chercher, quoi qu'on en ait dit, ni dans les arrêts de 1829 et 1835, ni dans un autre de 1812 ; la question qu'ils ont résolue n'a nullement trait aux spécialités dont il s'agit.

(Saint-Omer, 1841.)

§ II.

(Inséré à la *Revue de Législation*, tome XLI.)

DE L'EMPLOI RESPECTIF DE L'EMPRISONNEMENT ET DE L'AMENDE ÉDICTÉS PAR LA LOI.

Le retour opéré vers les études de droit criminel paraît presque aussi complet que possible. Le principe de la division du travail leur est appliqué ; le droit pénal n'a plus rien à envier au droit civil ; proportion gardée des circonscriptions de leurs domaines, ce n'est plus le dernier venu dans les cinq Codes qui abonde le moins désormais en richesses ; aussi bien que le Code civil il a ses monuments d'exégèse et d'analyse, ses commentaires, ses traités, ses arrestographes, ses archéologues, ses répertoires, ils ont tous deux enfin leurs monographies.

Je voudrais qu'il en existât une de l'amende. Autant que la déportation, que les bagnes, que la peine de mort ou la récidive, cette pénalité prête matière à un examen approfondi, les questions qu'elle soulève sont de toute nature, plus intéressantes encore que diverses, et si, comme on l'a écrit (1), c'est un sujet dont l'ensemble est aussi ardu à représenter que ses règles sont mal aisées à saisir, il n'en est que plus digne d'exciter le zèle uni à la force, le besoin d'éclairer pour l'explorer, ce labyrinthe ou plutôt d'exploiter

(1) D. A. t. I, p. 388.

au profit de tous une mine presque intacte encore, n'en est, on peut le dire, que plus urgent.

Tel n'est point, tant s'en faut, mon but aujourd'hui. Je ne me suis point proposé pour tâche d'embrasser successivement les deux branches de l'article 11 du Code pénal (2). Mon plan se restreint dans les limites fixées par le titre ci-dessus. J'ajouterai qu'une loi à rendre sur le projet de MM. Boinvilliers et Dupetit-Thouars et un engagement assez récent entre deux journaux, organes importants de la polémique quotidienne, sont des circonstances qui m'encouragent. J'ai besoin de penser que ce travail sera sous l'égide de l'à-propos.

Mais tout en annonçant que je ne compte pas entreprendre ici la théorie de l'amende, ni en détailler en législation, en jurisprudence les innombrables applications, encore faut-il que pour restreint que soit mon cadre, j'examine la peine dont il s'agit. Je dois m'expliquer sur sa raison d'être, sur ses avantages positifs, sur ses prétendus inconvénients, ce n'est qu'ainsi que l'on décidera s'il échet ou non d'en étendre ou bien au contraire d'en borner l'emploi. Limitativement consultées il y a six ans par un de MM. les Gardes-des-Sceaux sur le mode d'exécution et la mise en œuvre du système pensylvanien, la plupart des Cours d'appel observaient avec raison qu'il est périlleux de se prononcer sur les conséquences sans se renseigner sur les principes et

(2) Voyez *Journal Général des Tribunax*, 1856, Nos des 16 et 26 mars et suivants, l'Essai sur la surveillance spéctale de la police.

qu'il est presque impossible d'organiser une réforme, d'en discuter les termes, d'en juger la portée, sans remonter au préalable à ses éléments, sans en reconnaître le caractère, en interroger, en scruter la base et la nature.

Pour les choses ainsi que pour les gens c'est un bon signe que de dater de loin. L'ancienneté, dans un certain ordre d'idées, a non seulement son prestige mais sa valeur propre. Ce mérite que l'on fait valoir non sans motif en faveur de la peine capitale même, l'amende le revendique. Usitée du moins parmi le peuple juif en Asie, on la trouve en Grèce durant le cours des temps héroïques : Homère (Chant XVIII de l'Iliade) la montre en vigueur ; Plutarque et Nepos nous apprennent qu'elle s'y maintint. On avait compris qu'il y a deux moyens pour atteindre sinon pour corriger l'homme : les biens qu'il apporte en ce monde et les biens qu'il y acquiert ; de prime-abord les peines pécuniaires s'offraient tantôt comme l'équivalent et tantôt comme le complément indispensable des peines corporelles. Les lois Fabia, *de plagiariis*, Julia *de peculatu*, la loi 1 § 2, Digeste, *de extraordinariis criminibus*, maint et maint document des Institutes, témoignent que les Romains adoptèrent en ce point les vues de leurs devanciers. Chez les Germains l'origine de *fredum* et du *weregeld* (1) se perd dans la nuit des âges.

Que si l'amende sous ce rapport donc a sa noblesse, son nom sous un autre aspect a son prix aussi. Le vocabulaire

(1) V. Ménage v° *Frais* et Ducange t. 3, p 703, t. 6, p 1770.

n'a peut-être pas, étymologiquement parlant, de mots plus heureux. On n'ignore pas ce que signifie en latin *menda*, racine de *mendax*, la dénomination du châtiment rappelle le mal qui fait ce châtiment légitime. De plus l'usage veut qu'amendement et perfectionnement ou amélioration soient synonymes, et cela en latin, en anglais, en italien de même qu'en français. Le nom de la peine d'amende se trouve donc un mot bien fait s'il en fut.

De toutes les peines légales, a dit récemment un de nos habiles criminalistes, l'amende est celle qui satisfait le plus aux conditions d'une bonne justice. Quelque grand que soit l'éloge, il n'est pas au-dessous de la vérité. Le même auteur (Achille Morin) remarque avec Bentham et M. Rossi qu'elle est à la fois réparable, morale et divisible ; réparable, il suffirait d'en opérer le remboursement ; morale, elle ne fait que priver de quelques avantages de la société ceux qui en enfreignent les devoirs ; divisible, issue des degrés les plus infimes de l'échelle de répression elle en touche, s'il le faut, le sommet par la ruine de l'auteur du désordre. En outre elle est variable, on peut l'asseoir avec égalité, elle peut se placer en relation adéquate avec la force de résistance des individus ; enfin l'analogie avec le délit, ce privilége du talion, appartient à la mulctation pécuniaire de la perpétration des actes dont la cupidité est le mobile. Edictée le plus souvent contre de pareils actes l'amende en atteint dans leur soif d'avoir, dans ce que la phrénologie nomme leur acquisivité les auteurs.

Bentham lui a contesté d'être exemplaire, M. Rossi la

répute non réformatrice, on lui reproche encore de n'être ni suppressive ou protectrice, ni surtout personnelle.

Vérifions les divers griefs.

Pour réformatrice ou instructive, que l'on m'indique un agent de répression dont une si précieuse qualité soit l'apanage, je demanderai s'il n'est pas le sien au même degré. Pour suppressive, j'admettrai qu'une autre peine que la mort puisse l'être, je veux oublier que dans les liens du châtiment les crimes se répètent, que tous les jours on débauche, on diffame, on vole, on tue librement au mépris de la captivité. Eh bien encore ! le retranchement d'une partie de la fortune des coupables restreint, quant à un grand nombre d'entr'eux, les moyens de nuire, il va de soi que pour les délits tels que la subornation dans ses différentes phases, pour ceux qui sans la possession d'un capital ne se conçoivent pas (Voy. art. 314, 318, 410, 411, 425, 430; etc.) la récidive sera moins à craindre la somme ébréchée ou disparue.

Le défaut d'exemplarité, selon l'expression technique, est-il plus réel? Oui, si le taux de la répression en rend l'infliction presque illusoire, mais non si l'on s'arme au besoin d'une sage sévérité. Quoi ! là où éclatait le luxe il s'est éclipsé, là où l'aisance brillait la gène se propage ; à la suite d'une faute grave que suit une juste condamnation, la médiocrité se change en misère, l'indigence en détresse et ce ne sera pas là quelque chose comme une leçon ! et l'on suppose que ce n'est pas matière à réflexion pour la foule qu'aucune moralité n'en saurait ressortir, aucune intimidation, qu'enfin cette transformation n'aura pas comme tel instrument de bois, de pierre ou d'acier son bien triste mais bien éloquent langage ! Je soutiens plutôt qu'indépendamment de ce que la leçon durera davantage son effet sera d'autant plus certain que les assistants, les spectateurs ne se mettront point pour le délinquant contre la loi, c'est-à-dire, que la sensibilité en se révoltant ne viendra pas substituer au discernement les simples instincts et la compassion à l'impression d'une méditation salutaire.

Reste que l'amende pourrait passer pour impersonnelle ; rayonnant dans le cercle domestique de ceux qu'elle frappe, appauvrissant la famille entière pour le tort d'un seul de ses membres, elle s'impose à des innocents, avec la même rigueur, ou peu s'en faut, qu'au coupable. J'aurais à répondre que nulle à l'égard des majeurs célibataires d'où résulte qu'à plus d'un tiers, à près de moitié des espèces elle ne s'applique pas, l'objection a l'inconvénient de s'étendre à la généralité des peines. Est-ce que l'infamie, contre laquelle le cynisme seul sert de cuirasse ne rejaillit pas sur l'entourage ! A ce titre, et comme privant le ménage, les enfants d'un appui, d'un gagne pain, l'emprisonnement a-t-il plus que la mulctation dans la fortune le mérite d'être personnel ? Mais j'exprimerai ma pensée sur ce prétendu mérite. L'impersonnalité respectivement aux étrangers, je la comprends et je la réprouve. Il faut la blâmer à haute voix par exemple dans l'inadmissibilité de témoigner qui, prononcée contre un libéré entravera au civil une enquête, et au criminel la démonstration d'un alibi. C'est ce qui s'appelle percer un passant en vue d'égratigner un malfaiteur. Mais est-ce un vice, au contraire, dans la législation d'employer à l'effet de conjurer votre chute un plus haut mobile, un point d'appui autre, un ressort plus humain que le besoin ou le goût de la locomotion? N'est-ce pas un principe bon à écrire afin de le consacrer que celui de la solidarité des époux entr'eux et des père et mère avec leurs enfants, soit que la souffrance découle de ceux-ci sur ceux-là ou que, comme au cas de minorité, elle remonte, et que les premiers payent parce que les derniers ont failli ? La responsabilité des communes se maintient en France, celle des cantons, en Angleterre ; ne reculons donc pas devant la responsabilité des familles. Et si c'est dans l'intérêt, voire à l'instigation de ses proches, que l'on a violé le droit d'autrui, quoi de plus naturel qu'ils se trouvent associés à l'expiation ? Quoi de plus immoral, en tout état de cause, que la transmission opérée à des héritiers du fruit d'un vol, d'une concussion, d'une escroquerie ? Or, ce n'est souvent que dans une sorte de confiscation que consistera le moyen d'empêcher ce scandale.

Le défaut d'impersonnalité ne déprécie pas l'amende, autant qu'il se peut elle est suppressive, l'exemplarité ne lui manque pas, et elle offre, au suprême degré, la réparabilité, la variabilité, la divisibilité, conditions essentielles.

Les auteurs du Code assurément n'en ont pas jugé ainsi. Qu'ils soient par là en disparate ou en concordance avec la codification des autres états modernes, je ne m'en occuperai pas, je renvoie à la collection de M. Foucher, au cours de M. Ortolan, aux études présentées ici même sur l'ordonnance du Grand-Seigneur et sur le statut de Lithuanie, à l'ouvrage spécial du Président Bexon (p. 87 et suiv.). Je me contente d'observer qu'en France l'antiquité de la peine dont il s'agit ne l'a que médiocrement recommandée. Ni le rapport de M. Dhaubersart, ni les autres exposés et procès-verbaux publiés par Locré, ne s'en expliquent, mais d'après la part faite à l'amende on est autorisé à penser que les novateurs ont pris à son égard leur revanche de concessions, telles que celle de la marque ou des art. 103 à 107 sur la non-révélation. L'autre emprunt au vieux temps aurait mieux valu.

Tandis que l'incarcération sous ses diverses formes, travaux forcés, déportation (lisez détention, etc.) fut édictée jusqu'à cent douze fois dans les premiers livres du Code de 1810, ce n'est que dans quarante-deux cas que l'amende intervient. Elle n'est prononcée seule que dans onze, et jamais en Cour d'assises ; ni afflictive ni infamante, elle n'y paraît qu'à titre accessoire, ou par suite d'une dégénérescence. Et même dans le livre IV (Contraventions de police) c'est tout au plus si la distribution est égale entre les deux peines; en effet, si l'emprisonnement n'est admis que pour quelques-uns des faits repris dans chacun des trois articles que l'amende sanctionne, il devient obligatoire, pour tous par la récidive, et avant 1832 l'existence de circonstances atténuantes n'autorisait point en cette matière à le retrancher.

Ce parallèle prouve que l'on a rompu avec la règle *prius in œre quam in cute,* et bien préféré à la correction en argent celle en nature, ou la garantie empruntée aux biens que chacun apporte en ce monde à celle tirée de ceux qu'il y acquiert.

Les tribunaux ont suivi la même voie. Si d'aventure ils s'en écartent, les chefs de la magistrature le signalent. (V. Rapports sur les comptes présentés au roi Louis-Philippe et au Président). On qualifie de relâchement la substitution des amendes aux emprisonnements, on l'assimile à la réduction de la durée de ces derniers, ainsi qu'à la marche ascensionnelle des acquittements. On ne se demande nullement si la modification n'implique pas la mise en pratique d'une conviction mûrie, plutôt qu'un penchant trop débonnaire, un accès ou excès de mansuétude.

J'ai recherché ce que les amendes de justice répressive recouvrées au nom de l'Etat rapportent annuellement au trésor. A défaut de la statistique générale de France dont le onzième volume tarde à se compléter par le supplément où seront traitées les sections Justice et Finances, j'ai recouru aux documents fournis par Schnitzler (Statistique t. 2, p. 384) en les contrôlant de mon mieux. Elles figurent au dernier ordre parmi les branches du revenu. Leur chiffre, inférieur à celui des produits universitaires, lesquels ne passent qu'après ceux de la vente des poudres, se balance entre trois et quatre millions On remarquera que je défalque du total un million afférent à l'enregistrement pour contraventions de poids et mesures, de timbre proportionnel, etc., en sens inverse je tiens compte d'une somme dévolue au service des enfants-trouvés en exécution d'une ordonnance royale du 30 décembre 1823.

Le chiffre de trois millions répond à peu près à celui de la perte annuelle causée aux propriétaires par les vols criminels et correctionnels tant poursuivis que constatés. Mais c'est à celui des frais de justice et d'emprisonnement qu'il échet de le comparer. Ceux-ci figurent au budget pour six et ceux-là pour dix millions. J'en conclus que nous sommes également loin de la contrée où le travail des détenus indemnise de ce qu'ils coûtent et du temps où le fred dédommageait amplement les seigneurs de leurs dépenses d'administration judiciaire. Montesquieu aurait encore aujourd'hui à réfuter, comme au livre 6, ch. XVI de l'Esprit des Lois, l'erreur de croire les peines fiscales impuissantes à l'égard des gens riches ; mais Beccaria ne pourrait plus, comme dans son chapitre XVIII, s'écrier que les délits des citoyens font un patrimoine au souverain, que chez les défenseurs de notre sûreté le devoir et l'intérêt sont en lutte, que le juge au lieu d'être l'organe de l'équité n'est que l'exacteur des deniers du fisc (1).

A Dieu ne plaise que j'encoure jamais pareil reproche, ni

(1) Dans une savante et piquante notice insérée par M. Benoist-Champy fils, au journal des *Débats* du 10 septembre, durant l'impression de ce livre, je vois d'abord que le supplément de la statistique générale a paru, ensuite que la proportion entre les chiffres comparés ici n'est déjà plus la même.

que l'on évoque à mon sujet le nom du médecin pensionné par la compagnie des Indes comme panégyriste du thé; sans méconnaître quel parti l'on tire sagement d'un bon rendement de l'impôt, c'est moins comme abaissant l'actif tout en élevant le passif du budget que comme l'origine d'un désordre grave, que je critique une suprématie, une antériorité systématique dans le choix et l'emploi des peines.

Au cours de la polémique à laquelle j'ai fait allusion plus haut entre le journal *la Presse* et le journal *l'Univers*, on l'a proclamé d'une part, confessé de l'autre : la prison au lieu d'améliorer ne fait que corrompre. C'est un malheur que sous la toge comme sous la robe, et plus que partout, on a ressenti et déploré. Un avocat, Henri Lagarmitte, dit dans sa préface de la traduction des leçons de Julius : *L'ignorance, l'immoralité, l'irreligion, monstre à triple tête, habite l'enfer des prisons non pour en défendre l'entrée, mais pour y jeter de nouvelles victimes ;* un magistrat, M. Hello, redoutable adversaire, ne va-t-il pas plus loin encore quand il demande, s'il se peut « *qu'un malade soit placé de force dans un foyer d'infection et qu'on le punisse ensuite des nouvelles plaies qu'on lui a faites.* » Enfin, dans le tableau tracé de nos maisons de détention par les rapporteurs chargés de préparer les avis des Cours sur le projet de loi soumis, le 10 juin 1844, à MM. les Pairs, il y a des côtés qui font frémir

Eh bien! lorsqu'au lieu d'ouvrir les coffres du domaine aux amendes, on referme les portes des prisons sur des condamnés, on frappe d'une triste contribution non pas seulement la fortune mobilière ou foncière mais surtout la moralité commune. Et ces condamnés le sont quelquefois à 5, 6 ou 8 jours! Dans l'hypothèse d'une régénération du système de nos maisons départementales ou d'arrêt, il faudrait plus de quinze jours pour s'y réformer, il n'en faut pas tant pour y subir l'inoculation du vice, pour faire que ce passager, que ce pèlerin d'un instant en devienne le messager ailleurs, et pour qu'initié aux mystères de l'inconduite il s'en constitue le missionnaire, l'agent près d'autrui. Supposons, (concession gratuite et large) supposons l'absence de pareil péril; les idées de justice n'en éprouvent pas moins un rude échec en ce que l'on voit une infraction insignifiante tomber sous le coup de la peine fulminée à l'encontre d'actes tout autrement sérieux. Ajoutez que le châtiment perd son utile prestige; moins déshonorant, il intimide moins s'il a pu peser sur des gens d'honneur; sa valeur alors s'altère dans la même proportion que s'altéra le caractère d'un asile de gloire par la réception d'indignes hôtes (1). Mais ce n'est pas tout, une fâcheuse atteinte compromet l'avenir de l'homme qui a quitté ses pénates pour coucher parmi les rebuts du pays; il aura vécu en communauté avec eux, il n'aura plus une confiance entière en ses propres forces, ni la même crainte d'un châtiment dont il a déjà bu la pire amertume.

(1) Ils ont panthéonisé Marat, écrivait un auteur spirituel, qu'ils essayent à cette heure de démaratiser leur panthéon.

Je ne suis ici qu'un écho, et j'extrais les lignes qui suivent d'un excellent article anonyme inséré dans la Revue française du mois de mars 1838 : « Il a vu se faner cette » fleur de réputation, d'innocence juridique qui est chez un » grand nombre d'individus la seule garantie de leur mo- » ralité légale. Cette prison, il n'en a pas été effrayé ; il » n'y a passé que huit jours, mais il a compris qu'il pourrait » y en passer quinze à peu près comme il les passerait » dans sa chambre s'il était indisposé. Tout ce que l'ima- » gination ajoute à la pénalité physique est dissipé en partie » à ses yeux : il y a une masse de sensations utiles et de » sentiments respectables en quelque sorte dilapidés. »

Des chiffres démontreront que le cas indiqué est trop fréquent.

En 1847 on a compté 34,043 condamnations à l'emprisonnement de moins d'un mois. Le rapport de M. Odilon-Barrot au Président de la République porte, p. XXIV, que c'est plus des quatre cinquièmes du nombre total. C'est une faute d'impression : le nombre total était de 78,713, lisons : plus du tiers ! En 1848, sur 62,167 emprisonnements, ceux de moins d'un mois s'élevaient à 30,370, c'est près de moitié ! Or, dans ces chiffres de 34,042, de 30,370, pour un tiers environ les condamnations en moins d'un mois n'excèdent pas cinq jours : je ne crains pas d'avancer en outre que pour les deux tiers la durée de la détention se restreint à moins de neuf ; s'il y a peu de condamnations à sept jours, deux raisons, l'une de droit, la seconde d'usage en amènent une multitude à six et à huit.

C'est donc à plus de 20,000 condamnations chaque année que s'appliqueraient avec énergie les observations précédentes ; je me trompe, il y en a encore 15,000 prononcées par le juge de paix, lesquelles deux fois sur trois, faute de lieu de dépôt (la chambre de sûreté du canton n'est pas une prison légale), se subissent purement et simplement dans la maison d'arrêt de l'arrondissement.

Je n'en appelle pas à un retour vers les compositions féodales, mais abstraction faite de l'inconvénient d'entraver souvent (je le dis en passant) le droit de grâce, l'usage actuel a dégénéré en abus. Entre cette prodigalité de l'emprisonnement et la généralité de l'adage « *prius in œrequam in cute,* » il y a un juste milieu. Je proposerais qu'on s'y arrêtât.

Si comme l'admettait un membre éminent de la Cour de cassation pour le projet de 1844, la motion de MM. Boinvilliers et Dupetit-Thouars ainsi que celle dont M. le Ministre de l'intérieur revendique à juste titre l'initiative, ne saurait aboutir que par une refonte complète du Code, la question de l'amende sera à traiter.

Avec un peu plus de solennité dans son infliction (une allocution dans le genre de celles que fait aux décorés le Président d'assises traduit mon idée) ne deviendrait-elle pas applicable comme peine unique contre certains crimes? Il va de soi que l'on en élèverait le taux. Ses avantages balancent bien ceux de la dégradation civique. Elle est déjà de mise en matière de fausse monnaie où par suite d'une transaction souvent évidente, la défense et le Ministère public se réunissent sur le terrain de l'art. 135. Au lieu de la faire sextuple ou triple de la somme représentée par les pièces altérées ou contrefaites, on la porterait au centuple contre tels faux-monnayeurs à qui la faveur des circonstances atténuantes assure aujourd'hui un emprisonnement moins prolongé que ne le serait, au besoin, la contrainte par corps.

Pour les délits, ne mériterait-elle pas la préférence dans maints et maints articles ? J'en citerai un seul, l'article 201, dirigé contre le ministre du culte qui critique publiquement un acte de l'autorité.

Ensuite ne faudrait-il pas toucher à la base de la pénalité qui m'occupe. Sa pondération satisfait-elle assez l'esprit? Les systèmes qui consistent à fixer une partie aliquote du patrimoine, ou à prendre pour mesure la journée de travail calculée sur le prix de la journée de l'inculpé, souffrent-ils tous deux autant de difficultés que le supposent quelques jurisconsultes. Le règlement parlementaire semble créer un précédent bon à consulter. On obvierait par là aux fluctuations de la richesse moyenne, aux conséquences des variations de la masse métallique. Enfin rien n'empêcherait de s'approcher de la perfection en s'étayant des prescriptions de la loi du 21 ventôse an IX, sur la réglementation des saisie-arrêts.

Les trois points que je viens d'indiquer soulèvent des questions que saura se poser et résoudre, le cas échéant, la sagesse des représentants du pays.

Que si au contraire, et je le désire, la théorie de l'encellulement n'implique pas absolument un remaniement de la législation répressive, sans innovations radicales, l'on pourrait encore effectuer un progrès. J'oserai recommander deux procédés tout simples :

D'abord les juges d'instruction dans les informations, et au cas de poursuites directes le parquet par ses auxiliaires, devraient s'enquérir dans chaque affaire, de la solvabilité du comparant. La cote de ses contributions, l'existence ou non d'une pension ou d'un traitement à son profit, la production d'un renseignement même approximatif sur ses ressources aideraient puissamment l'action des tribunaux ; ce détail qui ne serait d'ailleurs sans fruit ni pour l'exacte appréciation des faits, ni parfois pour la manifestation de la vérité, se combine tout naturellement avec les recherches auxquelles on s'attache de plus en plus sur l'état-civil des prévenus. L'exécution de tableaux circonstanciés sur la position des mineurs de seize ans traduits à l'audience n'a rencontré aucun obstacle, et il en découle des améliorations notables dans cette partie intéressante de l'administration de la justice. Ce que je demande n'engendre pas davantage de complications.

En second lieu il faudrait que les tribunaux cessassent de se croire arrêtés dans leur recours à l'article 463, sous prétexte que, par rapport à tel ou tel délit, l'alternative de l'emprisonnement ou de l'amende ne leur serait pas laissée. Leur choix est libre. L'erreur qui consiste à le nier n'a d'égale que celle de certains juges de paix qui, par une interprétation judaïque des art. 474, 478, 482 supposent la récidive exclusive d'une dispense de l'incarcération.

Qu'on le sache bien, peu importe que l'alternative résulte du texte, et pourquoi? c'est que l'on ne s'expliquerait pas la faculté d'une substitution en vertu de l'art. 463 pour de nombreux délits dont le législateur a voulu aggraver la peine par le cumul de la mulctation corporelle et de la mulctation pécuniaire, puis l'interdiction de cette faculté dans des cas moins aggravants. La doctrine contraire ne se soutient pas une minute devant le rapprochement des art. 94 de la loi du 28 avril 1832 et 463 de l'ancien Code, ni surtout en face de la discussion consignée au Moniteur de 1831, n° 342, p. 2330 et suiv. (1).

J'ai voulu établir que l'amende est la peine par excellence. Si j'ai prouvé en outre que son emploi d'où résultera pour le trésor une économie et un accroissement doit par des motifs plus directs passer pour trop peu fréquent, j'ai atteint le but de ce travail. Puisse-t-on appliquer aux vues qu'il contient ce mot tombé de haut, et des plus sages. « Le moyen « de réduire à l'impuissance ce qui est dangereux et faux « c'est d'accepter ce qui est utile. » (Louis-Bonaparte au Conseil-général du Commerce, le 7 avril 1850).

(Lille, 1851.)

(1) *Sic* jugement de Lille, février 1852, affaire Beaucourt, présidant M. Dufresne; arrêt confirmatif de Douai, mars 1852, présidant M. Petit; arrêt de Poitiers du 18 juillet 1861, conclusions conformes, affaire Bigarré. — Les contradicteurs de cette jurisprudence lui ont reproché que le chiffre du maximum des amendes n'ayant pas été déterminé par le code, elle rend illimité, par conséquent arbitraire, le pouvoir des magistrats : c'est une erreur : la barrière est posée par l'art. 419 où se trouve écrit le chiffre de dix mille francs. En certains cas de dévastation de récoltes (art. 444), une répression pécuniaire s'élèverait utilement à ce taux. (Note de 1861.)

(Inséré *Revue de Législation*, N. C., t. I, p. 122.)

DÉFENSE DE L'ESSAI SUR L'EMPLOI DE L'EMPRISONNEMENT ET DE L'AMENDE.

A M. WOLOWSKI.

Monsieur,

Le travail auquel vous accordiez en août dernier l'hospitalité de la *Revue*, a donné lieu à bien des critiques. Il m'en est venu de divers côtés. Celle que m'adresse M. Morin, dans le numéro qui vient de paraître de son journal de jurisprudence, m'est plus particulièrement sensible. L'érudition de ce légiste, l'estime dont jouit le recueil qu'à la suite de l'un de vos dignes collaborateurs il a consacré au droit criminel, enfin le caractère tout pratique de l'œuvre et de l'auteur, sont autant de motifs pour réclamer la faculté d'une réplique. Ne pas rompre une lance pour une thèse que je crois féconde, laisser rejeter comme utopies un ensemble d'idées que j'avais mises avec confiance sous le patronage d'un nom de plus en plus imposant, serait à mes yeux abdiquer un droit et déserter un devoir.

Je rencontrerai successivement, si vous le trouvez bon, les objections de M. Morin et quelques autres; je prendrai outre lui pour adversaires l'un des doyens d'âge de la Cour de Rouen, le plus jeune mais non pas le moins éminent des Procureurs-Généraux, enfin un publiciste que recommandent les plus honorables suffrages, et qui, à titre de haut fonctionnaire, administre une direction au chef-lieu du département du Nord. Si par ma réponse pour brève qu'elle soit à des critiques émanées de quatre divers points de vue, je réussissais parmi vos lecteurs, je ne regretterais pas d'avoir tenté pour mon opuscule, ce que de grands génies ont effectué pour leurs chefs-d'œuvre.

C'est ce qui peut s'appeler trop prouver, c'est, à entendre le journal de M. Morin, ne point émettre une idée fort juste, que de soutenir que l'amende prenant plus d'importance dans l'échelle pénale, pourrait être admise comme peine unique pour certains crimes et pour de nombreux délits. C'est aller trop loin? Il faudrait me dire pourquoi! j'ai cité par forme d'exemple un délit, celui de l'art. 201, où l'amende m'a paru mériter la préférence sur l'emprisonnement, et j'en citerai d'autres, si l'on convient que le législateur devait se borner à mulcter pécuniairement le ministre du culte qui critique l'autorité, qu'ouvrir au contraire sur un prêtre, en pareil cas, la porte des prisons, c'est fort mal choisir la répression. Quant aux matières de la Cour d'assises, il y a de même plus d'un article où l'amende devrait primer l'emprisonnement: j'invoque en ce sens l'autorité du répertoire du droit criminel, t. I, p. 149 : « *C'est un avertissement efficace préférable à l'emprisonnement, pour les infractions qui ont leur mobile dans l'avidité du gain ou qui ne présentent point un grand danger social.* »

Mais n'ai-je pas péché du moins par inexactitude, en combattant les théories qui contestent absolument à l'amende d'être exemplaire et réformatrice? Sur le premier point, j'en appelle de mon savant adversaire à ceux qui ont lu avec plus d'attention que lui la démonstration que j'ai tentée quant à l'exemplarité. Sur le second point, je me contente de lui demander s'il ne prend pas à tort la qualité d'instructive ou réformatrice pour celle de suppressive ou rassurante. Cette confusion est plus que probable, car ce que j'ai seulement tâché d'établir, c'est que cette dernière aptitude peut se revendiquer pour l'amende. Mais pour ce qui est du don d'instruire ou de réformer les condamnés, j'ai fait observer qu'il n'est aucune peine dont ce caractère soit l'apanage, ou bien qu'il ne manque qu'à la plus terrible de toutes.

J'arrive à mon second antagoniste. Si l'amende tient peu de place dans notre législation criminelle, m'a-t-il écrit, n'est-ce pas parce que les rédacteurs du Code pénal n'ont voulu ni que la famille fût à la fois dépouillée de son patrimoine et accablée de l'infamie de son chef, ni que l'État se fît un revenu du crime ! Ils avaient l'expérience des abus auxquels cette pénalité donnait lieu, et ils n'y voyaient de remède qu'en en restreignant l'application.

J'en demande pardon à un magistrat, dont les services, chers au ressort et à la Cour qui l'a perdu, méritent tout ensemble ma reconnaissance et mon respect, mais cette objection a contre soi le fait et le droit.

En fait, ce n'est pas devant une double atteinte à la règle de l'individualité des fautes que reculèrent les législateurs de 1810. D'abord, l'amende ne s'inflige en Cour d'assises qu'alors qu'elle se combine avec le châtiment corporel; ensuite, contre les délits, c'est beaucoup plus souvent par cumul avec l'emprisonnement que comme peine isolée que le Code l'édicte; enfin, il a fallu l'article 66 de la Charte de 1814 pour abroger la confiscation, c'est-à-dire la peine qui contrarie le plus le principe de la personnalité. Les Réal et les Tronchet avaient hautement refusé leur adhésion à ce principe préconisé par Beccaria, mais que Pastoret, Filangieri, avaient depuis lui battu en brêche.

En droit, est-ce que l'Etat spécule sur les vices, par la raison que l'expiation profite au Trésor? Autant vaut taxer d'immoralité l'allocation de dommages-intérêts aux victimes d'un crime ou bien d'un délit. L'argent qui sort d'une source impure, reste-t-il impur aussi? Si cette proposition, paradoxe pour l'économiste, contre-vérité pour tous, est exacte, si nos aïeux en affermant les larcins et les blasphèmes comme nos mairies afferment à grand prix les immondices, n'ont à vos yeux que leur naïveté pour excuse; si ce qu'admettait leur conscience révolte la vôtre, il ne doit plus même être licite d'utiliser le travail des condamnés ; l'Amérique a tort de se créer une branche de revenu au moyen de l'excédant du produit de leur industrie ; il n'y a d'honnête que le *tread-mill !* Prenons pour type, pour idéal, cette invention anglaise, les châtiments stériles, la peine pour la peine, équivalent de l'art pour de l'art ! Un pendu n'est bon à rien, disait Voltaire, il faudra répondre : tant mieux ! aujourd'hui. Non, ce n'est pas un mal, mais un bien, si parmi les délinquants il en est qui indemnisent le pays de ce que le désordre et sa répression coûtent. L'amende a un mérite de restitution. L'on se rebelle, on s'enivre, on scandalise soit la pudeur, soit la piété ; agent de trouble, on concourra bien qu'involontairement au maintien ultérieur de l'ordre ; des écoles se fondent, des hôpitaux s'ouvrent, des églises s'élèvent, et sans le paiement effectué par le coupable, l'Etat aurait dû ajourner sa dépense : c'est le poison changé en remède, l'obstacle devenu moyen ; c'est le secours inattendu prédit à Enée :

. . . . *Via prima salutis*
Quod minimè reris, Graiâ pandetur ab urbe.

Æneid. Lib. VI. 97.

Mais comment ne pas craindre d'ajouter encore à l'importance de l'argent, si puissant déjà au siècle où nous sommes ? Sur cette question que me fait le chef de parquet dont je m'honore de rester l'ami, je le renvoie à Montesquieu.

Il y a cent trois ans que l'immortel président de Bordeaux le proclame : « *Les peines pécuniaires peuvent se proportionner aux fortunes; les gens riches craignent de perdre leurs biens!* » Or, si l'amende consiste dans le retranchement d'une part aliquote du patrimoine, de manière à garder, toujours, quelque modification qui s'opère, toute sa valeur d'intimidation, en quoi l'opulence jouirait-elle d'un privilége? On l'a vue, à l'aide de l'attrait du luxe, triompher parfois du déshonneur, en renouvelant sur l'opinion publique elle-même ses actes de corruption; elle ne laisse pas non plus d'adoucir la privation de la liberté; l'instrument pénal que je préfère est plus résistant. En vain remarque-t-on qu'*entre ôter le dixième de dix millions à leur possesseur et 1,000 fr. à qui n'en a que 10,000, il y a la différence du superflu au nécessaire.* (Rossi, t. III, p. 212.) Importez en cette matière pour le lui approprier, *mutatis mutandis*, et avec les développements nécessaires, le tarif de la réglementation des saisies-arrêts, grands et petits courberont la tête sous le niveau de la loi (1).

(1) Loi du 21 ventôse an IX, qui détermine la portion saisissable sur les traitements. « Les traitements des fonctionnaires publics et employés civils seront saisissables jusqu'à concurrence du cinquième sur les premiers mille francs, du quart sur les cinq mille francs suivants, du tiers sur la portion excédant six mille francs. »

Signé : BONAPARTE, premier Consul.

Et plus bas : MARET et ABRIAL.

(Bull. des Lois, 3e série, N° 74, Cf. Boitard, t. II, p. 431).

J'entends toutefois le dernier de mes adversaires me prémunir ici contre le danger de l'inquisition. Je pourrais répondre que ce ne sont pas des données mystérieuses que celles de la fortune de chacun. Nous marchons avec une vitesse accélérée à un régime de publicité; les questions de solvabilité ne sont pas épineuses à résoudre à la Bourse, et des améliorations dans les procédés du cadastre, dans le mécanisme de l'assiette des contributions, un progrès dans la carrière des transports, eu égard à leur multiplicité, leur sûreté, leur rapidité, concourront à rendre la solution de pareilles questions de plus en plus simple. Mais j'accorderai qu'il n'en fût pas ainsi : j'admettrai qu'aucune maison ne soit de verre, que la vie privée soit murée, et que l'éclat de l'or ne rayonne point, en quelque sorte, à travers les vitres du logis de ceux qui le possèdent ; est-ce que les tribunaux sont sans moyen de se renseigner et ont-ils besoin de se jeter dans l'inquisition ! Prenons garde de nous payer de fantômes, et de reculer devant des mots ! Si c'est de l'inquisition que de s'informer de ce qu'un individu a de fortune, elle s'exerce vis-à-vis des officiers ministériels, astreints à prouver comment ils paieront, à garantir comment ils exploiteront le titre dont ils traitent comme acquéreurs. Les postulants en magistrature déclarent au début leur situation financière. M. le Garde-des-Sceaux Rouher a même réclamé la divulgation de détails plus intimes. On exige des militaires qui se marient la connaissance de la dot qu'ils espèrent, du pécule qu'ils apportent. Et ce qui se pratique à l'égard de maints et maints fonctionnaires ; des recherches qui, à le bien prendre, en définitive, se font tous les jours, s'interdiraient à l'encontre des prévenus ! (c'est de prévenus qu'il s'agit) ! et, à l'égard de ceux dont la justice peut ouvrir les lettres, dont la police scrute les armoires et fouille les poches, dont les parents sont requis, au besoin, par l'autorité discrétionnaire et les amis même interrogés sous serment, on éprouverait de l'embarras, afin d'arriver à une équitable pondération de l'amende, de savoir le taux de leurs rentes, le chiffre de leurs capitaux, leur fortune enfin ! ! C'est insoutenable.

Reste que la mulctation pécuniaire au lieu de grever le passif du budget en accroît l'actif ; qu'elle est réparable ; qu'il y a inconvénient à détruire parmi le peuple et surtout chez ceux qui en auront passé le seuil le prestige de la prison ; qu'enfin, celle-ci est une détestable école, témoin ces expressions énergiques de M. Paillard de Villeneuve, dans un article que j'ai lu de lui pendant que le travail dont je termine ici la défense se trouvait sous presse : « Supprimez ces foyers de récidive, enfers où ne s'expient point les crimes du passé, mais où se complotent les crimes de l'avenir » (G. D. T. 17 juin 1851).

Agréez, Monsieur et ami, etc.

(Inséré *Revue de Législation*, 1852, t. Ier).

NÉCESSITÉ DU RÉTABLISSEMENT DU CAUTIONNEMENT EN MATIÈRE DE SURVEILLANCE DE LA HAUTE POLICE.

Si, comme on s'en est bientôt aperçu, une des réformes les moins acceptables introduites dans le Code pénal par la loi de 1832, a consisté dans l'adoucissement de la surveillance des libérés, la suppression du droit d'être admis à se cautionner, dont ils avaient joui jusqu'alors, ne fut guère moins irréfléchie ; elle n'a pas laissé d'aggraver le désordre auquel le décret du 8 décembre dernier a voulu pourvoir. Mais ce décret ne rend pas cette suppression moins regrettable. Il imprime, au contraire, au rétablissement du régime des cautionnements, un caractère d'urgence.

Les mots de caution ou cautionnement, pris dans leur sens le plus large, signifient le gage ou l'otage d'où naît ou qui fournit un recours en cas d'infraction d'un devoir. Permettre l'exercice d'une faculté, en empêcher les abus, et, le cas échéant, pallier leurs suites, favoriser, par l'intérêt qu'y doit prendre un tiers ou l'individu lui-même, l'accomplissement d'une obligation, tel est ici le but et le résultat, tels sont les moyens. Soit que l'opération dont il s'agit crée entre deux hommes des liens de gratitude tout ensemble et de tutélage, soit qu'elle maintienne dans la ligne droite, par les motifs de plus qu'elle donne de ne pas s'en écarter, elle n'a pas, en réalité, d'inconvénients; et c'est un éloge pour une institution humaine que de ne prêter matière à d'autres reproches que ceux que celle-ci, vue dans toute sa généralité, peut encourir.

L'exposé des motifs du Code pénal, les harangues des orateurs du Corps législatif, tous les documents contemporains, nous indiquent qu'en 1810 on envia au droit anglais, l'avantage, dont Blackstone s'enorgueillit et lui fait honneur, de renfermer un chapitre de préservation. Le vice-président du Tribunal de la Seine venait, dans son Code de la sûreté publique, de préconiser les *recognizances for peace and good behaviour*. Il y signalait, comme mesure de prévoyance, la responsabilité civile et le cautionnement attaché à certaines fonctions. Pour empêcher les récidives, écrivait-il, *ce moyen semble autorisé non-seulement par la position d'un homme frappé par la loi, mais encore par les motifs qu'il donne à sa volonté d'éviter les rigueurs de son usage.* M. Target, le prince archi-chancelier, les comtes Treilhard et d'Haubersart se montrèrent à l'envi les adeptes de la même doctrine que ce magistrat. Le frère de l'abbé Bexon se trouva interpréter l'expression employée par Lacépède (1). « Il convient, disait Cambacérès, le 8 octobre 1808, de fixer la quotité du cautionnement ; il ne faut pas empêcher les domiciliés d'en profiter quand ils n'ont qu'une fortune médiocre. » Les vagabonds signalés, les condamnés, même à la simple infamie, portent les prolégomènes de Target, sont, quant à leur liberté personnelle, transférés de l'empire de la loi sous celui de l'administration, et l'exercice de celui-ci sera soumis aux règles suivantes : 1° Le gouvernement pourra exiger d'eux une caution solvable de bonne conduite, et en déterminer le montant ; 2° faute par eux de présenter et faire agréer cette caution, le gouvernement pourra les obliger à sortir de tel lieu où il les jugerait nuisibles, ou à résider dans tel autre où il les croirait moins dangereux ; 3° en cas de désobéissance, ils pourront être arrêtés et détenus pendant un temps déterminé sans qu'il y ait détention arbitraire.

On reconnaît la gradation et l'économie de l'ancien art. 44, et par conséquent la surveillance commentée de la manière la plus authentique consistait, en 1810, dans l'application du régime des cautionnements. On sait que deux avis du Conseil d'Etat, en date des 4 août et 30 septembre 1812, dont l'un contraire à l'opinion du ministre Rovigo, portèrent atteinte à ce mécanisme du Code ; mais on connaît moins les observations émises, à ce propos, par

(1) Le sénatus-consulte organique du 28 floréal an XII, dans lequel se créa l'expression de « surveillance de la haute-police, » fut en partie l'œuvre du plus illustre de ces continuateurs de Buffon.

la section de législation ; j'en extrais ce passage : « L'ar-
» ticle 44 ne dit pas qui *aura été* mais qui *sera* fixée : en
» effet, ce n'est pas lors de l'arrêt mais seulement après la
» peine, que la caution peut être exigée ; quelle nécessité y
» avait-il de fixer par anticipation ? » Eh bien ! il y avait dans cette distinction le germe d'un progrès. Pourquoi ne faire entrer pour rien dans l'évaluation de la somme à requérir, la conduite du condamné pendant la durée de sa peine ? A l'aide d'une combinaison de l'action des juges et de celle de l'administration, le progrès pouvait s'effectuer. Par la résultante ou l'amalgame des données du débat et de celles recueillies au cours de l'expiation, se révèle la proportion à saisir entre la gravité de l'alarme dont le libéré frappera les citoyens, et l'étendue de la garantie que, respectivement à ses ressources, il y a lieu d'exiger de lui.

Le législateur de 1832 ne chercha point la solution du problème. A une amélioration dont l'idée lui traversa l'esprit, il préféra la suppression des cautionnements. Ils avaient contre eux, outre le défaut d'assiette de leur détermination, une coalition de préjugés et de rancunes. En vertu de la loi du 9 novembre 1815, on en avait fait abus. M. Carnot, dans ses Codes mis en harmonie avec la Charte, avait protesté contre l'exigence de 20,000 fr. envers une personne qui, *en vendant jusqu'à sa chemise* (ce sont les mots dont il se sert), *était hors d'état de réaliser le quart de cette somme*. Les esprits toujours en garde contre le fantôme des priviléges et les inégalités naturelles, auxquelles ils redoutent que l'on en adjoigne d'artificielles, abondaient dans les chambres. L'absence d'égard soit à la régénération soit à l'endurcissement du détenu, choquait tout le monde, et dans cette même année où la commission du projet sur la liberté individuelle proposait, par l'organe de M. Faure, de réduire des neuf-dixièmes le minimum prescrit ou autorisé par l'art. 119 du Code d'instruction, au lieu de partir de ce même chiffre de 50 fr. pour la réglementation des cautions à fournir aux termes de l'art. 44, on se contenta de l'innovation du relâchement, et quant aux cautions sur lesquelles roulait l'article, on fit table rase. L'égalité se trouvait sauve. Il fallut que les adversaires de ce nivellement, d'autant plus inattendu que le gouvernement n'en prenait pas l'initiative, se contentassent de l'espoir de voir cette ruine se réparer plus tard par le Code pénitentiaire : Code encore à venir aujourd'hui et dont on dit tantôt qu'il doit porter sur l'état des prisons, non sur l'état de ceux qui en sont sortis, tantôt qu'il dépend de ce que seront les libérés, et ne doit passer qu'après la question qui les concerne.

Le décret du 8 décembre contient un emprunt au Code de 1810. Mais en y prenant ce qui était à charge, ne doit-il pas y puiser également ce qu'il renfermait de favorable? La réforme des relâchements introduits en 1832, n'est pas la seule aggravation du destin des surveillés. Du même coup qu'il resserre les liens de la peine, le décret frappe avec un redoublement de force sur celui qui la fuit. L'évasion sans bris de prison ou violence échappe à tout châtiment, et cette autre évasion, à laquelle pousse la possession d'une demi-liberté, et qui se traduit en ban rompu, devient passible d'une transportation dont le maximum est de dix ans et le minimum de cinq. Par la loi de 1832, l'infraction du ban put entraîner cinq ans d'emprisonnement; plus étroit à présent, c'est dix si pas quinze années de répression que sa rupture comporte. Et, en sa qualité de mesure d'exécution, ce châtiment (car au fond c'en est un), atteindra même ceux qui, lors du délit dont leur surveillance est la suite, ignoraient qu'ils couraient de si grands risques. L'accès à la rançon serait ici la part de l'indulgence, et cette part il la faut de toute équité.

Le tempérament que je réclame a pris place dans le projet du Code prussien. (Voy. N° de mars 1848 de la *Revue*, article de M. Dareste). Le retour à ce régime, en France, répond à un besoin de justice et, de plus, aura son utilité.

Il ne faut pas que l'on se méprenne sur ce que j'entends par ce mot. Je ne me préoccupe pas d'un intérêt pécuniaire, en d'autres termes, de l'assurance du dédommagement pour les victimes des faits de récidive des surveillés. Je ne me place point dans l'hypothèse où la rechute aurait lieu: Je me préoccupe en ce moment d'une autre utilité. Sans aucun doute, la réforme de 1832 a été funeste. Elle a jeté incessamment sur les grandes routes ceux que les passants redoutaient surtout d'y rencontrer. Gyrovagues afin de se délasser de leurs séquestrations, conviés à se créer, par un pseudonyme, un état-civil à l'aide des sommiers correctionnels, les repris de justice sont devenus dangereux à l'excès. En effet, instruits à la fois de l'aggravation dont les articles 57 et 58 C. P. menaçaient la récidive et de l'interdiction de cumul écrite dans l'art. 365 C. I. C. ils se sont fait une arme de l'un et un jeu des autres, éludant ou bien exploitant la loi. Presque provoqués à se réunir ils ont formé des bataillons : les bandes des quarante et des quatre-vingts voleurs, des souvenirs gravés à jamais dans nos annales, et en dehors de celles des Tribunaux en témoignèrent assez. Ce n'est pas un vain mot du décret du 8 décembre, que cette déclaration d'insuffisance de la législation, à l'encontre de l'état de révolte où se maintiennent des vagabonds au mépris de la sécurité publique. Mais le souvenir des vices reprochés en 1832, au système des résidences fixes a aussi son prix. Semblable à la marque, mais à une marque que les vêtements ne couvrent pas, le renvoi sous la surveillance du gouvernement fermait l'accès des ateliers. Rivant, par l'infamie, les convicts à la misère, il leur inspirait de nouveaux délits. La privation du pain quotidien, l'impossibilité d'en gagner, étouffait toute résolution d'une vie meilleure. Traqués de commune en commune, puis parqués en une seule, celle de leur naissance ou des plus lointaines, objets, alors, d'opprobre ou d'effroi, repoussés en tant que connus ou qu'inconnus, lépreux, en quelque sorte, et réprouvés, libérés de nom (triste nom !) mais enchaînés de fait, les surveillés se plaignaient comme d'une torture de la vigilance de l'administration à leur égard. Un nommé Bouix, qui avait connu ce supplice, se cacha à Clairvaux le jour de l'expiration de sa peine afin de rester en prison. On le renvoya : il dit qu'il s'arrangerait pour être retrudé pour la vie, et selon le récit de la feuille de l'Aube, il parodiait un mot historique, s'informant si, comme dans la garde nationale, il ne pourrait pas remplacer quelqu'un. Dans le premier de ses écrits sur la matière, le chef du Parquet de Brest, M. Gouin, cite des vagabondes prévenues d'infraction de ban, qui auraient demandé un bagne de femmes s'il n'avait pas fallu tuer un homme. Ce n'est pas sans raison que M. de Tournon disait à la Pairie, le 19 mars 1832 (V. M. du 20), que ne pouvant vivre de leur travail, les forçats redeviendraient brigands.

Ces situations intolérables, ces cas désespérés, il y a utilité d'en amoindrir le nombre. D'abord, parceque pour demeurer efficace, l'action de la police ne doit pas trop agrandir son cercle : vouloir tout embrasser nous réduit à ne rien étreindre. Ensuite, et surtout, parce que d'une masse d'hommes poussés à bout, à qui leur sort ne laisse rien à craindre, qui n'ont que le mal pour moyen d'être, naît un grand péril. Les crimes se puniraient, mais la peine n'indemnise jamais des pertes, elle ne peut ni relever les ruines ni ressusciter les morts, ni même assurer que la délétère instigation du malfaiteur ne laissera pas derrière lui des imitateurs, des adhérents, sinon des vengeurs dans ses complices.

Or, la faculté d'obtenir, sous caution, l'affranchissement des entraves de la surveillance satisfait à cette nécessité de salut public. Nul doute que, malgré l'incontestable multiplicité des récidives, il ne sorte des bagnes, des maisons centrales, enfin des liens de l'incarcération dont la surveillance de la haute police se trouve l'accessoire, une infinité de condamnés qui n'encourent point de nouvelles leçons. Les pénitenciers militaires, les prisons d'Hagueneau, de Cadillac, de Clermont, les quartiers des femmes dans les autres maisons centrales, enfin, la partie des bagnes où s'expient les attentats contre les personnes, comptent en petit nombre les malheureux qui s'y appellent *chevaux de retour*. Il en est ainsi maintenant déjà, je veux dire en dépit de ce que la locomotion facultative peut imprimer d'intensité à la plaie qui nous occupe. Chaque année le nombre des réhabilitations tend à s'accroître (1). Au 1er janvier 1842, sur 1112 libérés autorisés par M. le préfet de police à rester à Paris, il en était peu, d'après un rapport de ce magistrat, à qui l'on eût des reproches à faire.

Si les repris de justice inoffensifs arrivaient à jouir des

(1) Voy. t. IV de la *Revue de Législation et de Jurisprudence*, et dernier volume de la *Revue de Législation étrangère*, l'étude de M. Demante fils sur la réhabilitation, et mes observations sur le même objet.

conditions de la vie commune, il va de soi que la société n'y trouverait qu'avantages. Il convient que cet affranchissement s'opère en vertu du droit que leur conférerait le dépôt d'un cautionnement, et non par l'effet du bon plaisir de l'administration. D'une part, en le subordonnant à l'acquiescement du pouvoir, en y engageant une responsabilité administrative, on rend douteux un allégement dénué, on le reconnaît, d'inconvénients ; d'autre part, on se refuse un moyen de rendre plus rares les rechutes qui restaient à craindre. Un cautionnement donne une sûreté. Cette sûreté, son taux étant variable, elle peut donc, et pour tous les libérés, du moment qu'elle s'offre, elle peut, dis-je, se substituer à la garantie cherchée ailleurs. Sous la réserve du compte à tenir des conjonctures, un gage en remplacera un autre; l'entrave pécuniaire, l'entrave corporelle; *in œre si non in cute;* et mesure pour mesure, celle qui prend son point d'appui dans les choses ne le cèdera point à celle qui s'adresse à la personne, le fil d'argent ou d'or dont la justice gardera le bout, ne sera pas le moins puissant.

Je laisse à leurs illusions ceux qui oublient que le coupable agit à son heure principalement quand il récidive. Je n'écris pas pour ceux qui voient là où il n'est pas, le caractère préventif de la surveillance. Pratiquée avec sévérité elle est efficace, mais par un côté seulement. Une égale efficacité doit-elle résulter du dépôt d'une somme de 100 ou 200 fr., par exemple, et de l'appréhension de la perdre ? Y a-t-il là quelque chose qui soutienne hardiment la lutte contre la tentation du crime ? Interrogeons l'importance de l'intérêt auquel obéissent les criminels.

Une équation prise dans le rapport de la puissance du mobile et de l'énergie du contrepoids amènerait une démonstration du genre de celles que comportent les sciences exactes. Ce qui est mathématiquement vrai n'est jamais rationnellement faux. Bien que les choses de l'ordre moral se prêtent peu à des calculs si précis, j'appelle ici l'attention sur quelques données que fournit la statistique.

La moyenne des pertes occasionnées par les vols jugés aux assises dans les cinq dernières années, est d'un peu plus de 300 fr. Tirant argument des applications de l'art. 463 avant 1832, c'est-à-dire dans son texte primitif, j'estime les pertes causées par les filouteries et larcins correctionnels, au dixième de cette somme. Je me bornerai à un examen relatif aux crimes : les phénomènes de la sphère correctionnelle se déduisent, échelle réduite, de ceux observés dans la sphère criminelle. Sur 3,789 vols commis en 1849, et du ressort du jury, une valeur de moins de 10 fr. pour 562, de 10 à 50 fr. pour 628, de moins de 100 fr. pour 2,086, était l'appât de l'accusé. En 1848, ce chiffre de 100 fr. n'a été dépassé que pour un peu plus du tiers.

Si j'aborde les autres méfaits empreints d'un désir de gain (ce n'est guère que de tels actes que la surveillance empêche le retour), la série d'incendies, d'assassinats, d'empoisonnements, perpétrés dans un intérêt minime, serre le cœur mais excite la réflexion.

Beaucoup de meurtriers ne songeaient qu'à voler; un but du même genre, et des profits souvent bien inférieurs au chiffre de 100 fr., mettent les torches dans les mains; il y a des infanticides afin d'épargner des mois de nourrice, et des empoisonnements pour arrêter les plus modestes demandes d'aliments. Peu de membres du ministère public, au surplus, qui n'aient, sur ce point, par-devers eux-mêmes, certains souvenirs.

Que conclure de ce coup-d'œil sur le peu d'importance du mobile auquel obéissent des milliers de coupables, sinon que la perspective de perdre une somme égale ou supérieure à celle que promettent les récidives, pèsera son poids dans la balance des projets funestes ? Nier que de tels rapprochements entrent dans les têtes et que la compensation de l'attrait de la tentation par la hauteur du péril, produise l'équilibre à désirer, ce serait nier une base fondamentale des lois répressives. Que les malfaiteurs calculent souvent mal puisqu'ils grèvent plus leur avenir qu'ils n'améliorent leur état présent, je veux bien l'accorder, mais autre chose est de mettre en regard d'un dommage moral, les plaisirs physiques, les avantages matériels, autre chose de comparer deux valeurs du même ordre. Que si l'on argüe de l'impossibilité, pour une partie des libérés, de fournir la caution nécessaire, je réponds que ce n'est pas de ceux-là qu'il s'agit, que le nombre de ceux pour qui l'impossibilité n'existera pas, fût-il minime, encore devrait-on s'apaiser sur eux; j'ajoute que parmi les condamnés il en est à qui il reste des débris de fortune ; que plusieurs, par les gages d'amendement qu'ils donnent, sont susceptibles d'obtenir la pitié, la confiance et, par suite, la garantie d'un tiers, d'autant plus qu'à proportion de ce que l'amendement paraîtra complet, la garantie réclamée au nom de la société sera moindre, conséquence deux fois bienfaisante du repentir ; qu'enfin, pour nombre d'entr'eux, surtout de ceux-là chez qui les ressources antérieures manquent, la masse seule qu'ils reçoivent à leur sortie de détention est à considérer.

Un emploi tout naturel de son pécule aura pour effet d'écarter le premier écueil ouvert sous les pas du libéré, à savoir les obsessions de ces misérables qui, trafiquant de la faiblesse ou des penchants vicieux, s'apostent pour s'approprier cette masse ou bien en exciter le possesseur à la répandre en orgies ; et le montant des pécules dont il s'agit, veut-on le connaître ? Malgré des circonstances qui l'abaissaient à l'époque du dernier compte présenté au Président, il allait, pour 656 réclusionnaires, à plus de 100 fr, pour 132 forçats au même taux, pour la moitié de ces derniers à plus de 50 francs. MM. Beugnot et Boullet révélaient, le 13 avril 1844 (M., p. 1017) que 155 étaient partis de Toulon et de Brest avec plus de 400 fr.

Je ne pense pas qu'il y ait erreur d'admettre que parfois la bienfaisance jouera son rôle en signant au contrat.

J'invoque en ce sens un travail récent, plein d'âme et de talent, dû à la plume d'un magistrat (*Annales de la Charité*, t. 7, p. 43 et s.) ainsi que la réalisation de l'œuvre du Patronage en Belgique (Voy. *Emancipation* du 3 février 1852.) Il faudrait, d'ailleurs, que la commission nommée par la Chambre des Pairs, en 1844, pour examiner la proposition de MM. Beugnot et Boullet se fût trompée, elle, bien davantage. Aux termes de l'article 2 de la résolution des commissaires, un moyen éventuel d'arriver à un tempérament des rigueurs de la surveillance avec résidence fixe était admis, et il consistait dans le dépôt d'un cautionnement par autrui. La condition, sanctionnée d'amende, de garantir la représentation à toute réquisition du libéré, complétait l'article. Il y a loin, certes, entre une responsabilité qui, dans les circonstances susénoncées varierait, sans doute, de 3 ou 400 fr. à 50, et un engagement de la nature de celui imaginé par MM. les Pairs, sous une sanction qui, de 3,000 fr. au maximum, de 500 au minimum, violait cette règle du cautionnement qu'il n'excèdera jamais la dette du débiteur.

Constaterai-je ici que si l'épouvante causée par la menace de la transportation doit rendre plus rares les infractions de ban, il importe aussi de ne pas compter outre mesure sur la force d'intimidation de ce moyen. Plus de gens qu'on ne croit confondent les notions de temps et d'espace, ou ce qui doit se faire à cinq cents lieues et ce qui se ferait dans cinquante ans. Nul doute que pour une foule de prévenus l'idée de la transportation soit moins effrayante que l'emprisonnement de cinq ans qu'édicte l'article 45. Je lis dans une étude intéressante, signée du docteur Ménard, que l'on a vu, en Angleterre, des êtres dégradés par la misère, s'informer du quantum de crimes nécessaire pour être condamné à la déportation des Colonies. Ainsi la menace se transformerait en un stimulant.

Encore un mot. Je suppose deux hommes, l'un condamné pour vol simple ou pour attentat aux mœurs, aura été mis en surveillance ; l'autre, saisi en flagrant délit de faits semblables, se trouve sous le coup des mêmes châtiments : ce dernier, s'il donne caution, aux termes de l'art. 113 du Code d'instruction, se soustrait à la détention préalable, et en même temps qu'il s'épargne cette incarcération, dont quelquefois la durée se prolonge, il expose la société au péril qui naît de l'impunité du coupable, car à la faveur de la liberté qu'il a reconquise, il pourrait fuir, puis prescrire, en cinq ans, la poursuite. Avec le premier de ces deux hommes vous ne courez pas le même risque : le délit qu'il a commis est puni, expié, tout ce qu'il demande, lui, c'est de se soustraire à des liens moins étroits que ceux de la prison, mais non moins cruels ; son ambition, c'est que la suprême amertume de ses arrêts en plein air, de son incarcération à ciel ouvert, lui soit épargnée. Et la loi le repousse !

Mais cependant de deux choses l'une, ou le cautionnement n'est qu'un leurre, ou bien il présente une garantie ;

s'il suffit pour autoriser la mise en liberté provisoire, la remise de la surveillance doit être aussi son effet ; si la *liberté sous caution* (texte exprès de l'ancien article 46) souffre des inconvénients pour le surveillé, elle en souffre pour l'inculpé, et de plus grands encore ; il faut rayer du Code d'instruction l'art. 113, ou bien rentrer dans l'esprit du Code pénal de 1810.

Et puis encore, notez que dans le Code pénal, tel qu'il est, subsiste un article qui consacre le recours à un cautionnement. En matière de vagabondage, si la fortune commence à sourire à l'auteur de ce délit, si un citoyen solvable intervient en faveur du coupable, que ce soit avant, pendant ou après sa condamnation, les portes de la maison d'arrêt s'ouvrent, les procédés de précaution disparaissent et la surveillance s'anéantit (art. 273 C. P.). Or, si le vagabond et le repris de justice, celui-ci par ses antécédents, celui-là par ses habitudes, excitent tous deux l'appréhension, le dernier du moins a subi la répression, et il a dû croire, en secouant ses fers, qu'il avait racheté ses fautes ; comment la justice ne s'adoucit-elle que pour le premier, pour celui qui, sans rien posséder, vit à ne rien faire ? Son oisiveté n'est pas seulement une aptitude au vice, elle était un tort. Ce n'est donc pas lui qu'il faudrait traiter avec faveur, et la faculté du cautionnement, indirect ou direct, peu importe, du moment qu'elle crée pour le vagabond un privilége, constitue une sorte d'anomalie. Je voudrais ne voir dans cette disposition, oubliée en 1832, qu'une pierre d'attente qui se coordonne avec un système fait pour s'adapter à la réforme pénitentiaire. Qu'il en devienne le couronnement ou la base! Il ne s'agit pas pour cela d'innover, mais de tirer du passé des moyens détruits lorsque l'on pouvait les améliorer. Leur emploi, réclamé au nom de l'utile et du juste, mettra la loi mieux d'accord, et en plus d'un point, avec elle-même.

(Lille, 1852.)

§ III.

(Inséré *Revue du Nord de la France*, tome IV, année 1856.)

APOLOGIE DE LA FONDATRICE DE L'HOSPICE COMTESSE.

BIBLIOGRAPHIE DU SUJET.

Voir : Le Faux-Baudouin, aux Causes célèbres ; l'Histoire de Lille de Derode, t. I, p. 213; Baudouin IX, par le R. P. Cahours (Lyon, 1850, chez Pélagaud et Cie) ; George Acropolite (Paris, 1551), p. 12; Chronique de Morée ; Buchon, t. IV, p. 289 et 290 ; Chronique de Liége, dans Dom Brial, t. XVIII, p. 656 ; Chroniques audomaroise et de St-Médard, ibid. p. 609 et 722 ; De Smet (1841) ; Li Muisis et Bauduin de Ninove, p. 181 et 722 ; Jean Lefèvre, p. 370 ; Jacques de Guyse, traduit par de Fortia, t. XIV, p. 240 et s.; Νικητου Χωνιατου ιστορ, trad. de Louis Cousin, t. V, p.667 ; Villehardouin (Paris, 1637), p. 148 ; Albéric de Trois-Fontaines, Historiens de France, t. XVIII, p. 794 ; Gibbon (*Tourneissen*, 1789), p. 80, (Paris, 1795), p. 357 ; Ducange (Imp. royale, 1657), p. 348, Lebeau, t. XXI, p. 130 ; d'Oultreman (Douai, 1629), p. 524 ; Bibliothèque des Croisades, t. I, p. 330 ; et Martène et Durand (Paris, 1724), anno 1206 ; Muratori, t. IV, *pars* I, p. 550, ou Baluse (Paris, 1682), *Innocentii* epist. anno 1206 ; Laporte Du Theil, lib. VIII, epist. 130 ; Sismondi, Histoire des Français, t. VI, p. 564 ; Clément Michaels, Légendes nationales (Bruxelles, 1858), p. 135 ; Juste Lipse (Anvers, 1606), p. 139 ; Philippe Mouskes, p. 215 ou 452 ; Lebon (imp. de

Vanackere fils, Lille, 1836), p. 6; Buzelin, Annales, p 275; Michel Baudrand, p. 660, v° Mitylène; Dinaux, Archives du Nord, t. V, p. 217, et Trouvères de Flandres, t. II, p. 126; Jeanne de Constantinople, par Jules Deligne (imp. lith. de Vana. ckère, 1844); puis, par Madame Froment (Madame Bourdon); les deux Michaud, (histoire des Croisades et Biographie universelle); Denys Sauvage, p. 46; Hurter, Vie d'Innocent III, trad. d'Alexandre Saint-Chéron, t. II, p. 192; Capefigue (Bruxelles, 1830), t. I, p. 102; Oudegherst, t. II, p. 54; Matthieu-Paris (*Londini*), t. II, en français, t. III; l'abbé Velly, t. II, p. 276, Kervyn de Lettenhove, liv. VII et VIII; enfin, Schœll, t. II, p. 101, et t. VI, p. 145, (en prenant garde qu'il se contredit), et le Journal des Savants, 1834, p. 657, où l'on lit, à tort: « sa femme » pour « sa fille, » ainsi que 285 au lieu de 485, comme pagination du t. XIX des Historiens de France.

Un drame historique, remarquablement écrit, non représenté, mais que publiait à Paris, il y a un an, l'éditeur Lecou, soulève et tranche, contre la mémoire de Jeanne de Constantinople, la question de savoir si cette fille de Baudouin, en faisant périr l'ermite de Glanson, ne commandait pas la mort de son père.

Un article inséré le 15 septembre dernier dans l'*Émancipation belge*, présente ce même fait, le trépas de Bertrand, sous le même jour; bien plus, Jeanne y est signalée comme volontairement parricide.

Et il en est encore ainsi dans un volume distribué en 1842, à Bruges, par feu le docteur de Merssmann, et tiré du tome III des publications de l'Académie de la même ville.

Selon le Dictionnaire de Bouillet et l'Encyclopédie du XIXe siècle, il y a là un point à débattre entre les historiens. Cet événement, dit M. Bouillet, a fait peser sur Jeanne d'horribles soupçons.

Enfin, sous les dates de 1836 et de 1844, M. Michelet et M. Henri Martin n'ont pas craint de s'exprimer comme il suit :

Michelet :

« Un jour, Baudouin, premier empereur de Constantinople, qu'on croyait tué par les Bulgares, reparaît en Flandre, sa fille refuse de le reconnaître, mais le peuple l'accueille, et elle est obligée de fuir près de Louis VIII, qui la ramène avec une armée. Le vieillard ne pouvait répondre à certaines questions ; vingt ans d'une dure captivité pouvaient bien avoir altéré sa mémoire ; il passa pour imposteur. La comtesse le fit périr. Tout le peuple la regarda comme parricide. »

Henri Martin :

« Le comte devenu empereur avait disparu à la suite d'une bataille contre les Bulgares ; Baudouin avait péri, disait-on. Mais au mois d'avril 1225 apparut un vieillard qui déclara qu'il était ce fameux comte... Il fut pris par un chevalier : Jeanne le fit jeter en prison, et ses gens le pendirent comme menteur. La comtesse laissait son mari languir dans les cachots du roi de France, et il est toujours resté un doute terrible sur cette catastrophe, qui, plus que les conquêtes de Philippe-Auguste, préoccupa l'attention publique. »

Des incriminations positives, des insinuations non moins cruelles, des doutes à jamais douloureux ne cessent donc pas de s'élever contre une mémoire restée chère à Lille. En butte aux attaques les plus variées, et cela en France et en Belgique, cette mémoire, que nos indigents continuent à bénir, semble compromise; des hommes écoutés, respectés, en possession de fonctions publiques ou de distinctions non moins flatteuses, s'obstinent à la dénigrer, et la constatation d'horribles soupçons, ou d'une inquiétante incertitude, c'est ce que Jeanne obtient de plus favorable d'écrivains réservés, estimés et répandus.

Pareils soupçons ne seraient-ils pas déjà trop, et quand il s'y joint, sous diverses formes, des articulations expresses, des imputations caractérisées, n'y a-t-il pas lieu à un effort pour dissiper les uns, pour détruire les autres ? Je l'ai pensé.

J'entrerai ici, et à mon tour, dans une lice où plusieurs Lillois m'ont précédé. A chaque fois que l'attaque injuste se reproduit, se répète, il importe que la réponse, que la justification suive, que la calomnie n'ait pas le dernier, que force enfin reste au droit. A deux pas du tribunal où se sont instruites tant d'épineuses affaires, mais aucune qui approche en grandeur, ni en intérêt, de celle-ci, à deux pas de l'hospice dont la fondation a prêté des armes à la malveillance, qui veut lire : « Remords » là où il est écrit : « Charité, » j'ai tenté l'examen de la question. Etude faite, et j'ose dire avec soin, de ce procès ou de ce problème dans lequel la réputation de la comtesse Jeanne n'est pas la seule engagée, voici quel en est, pour moi, le résultat :

A l'instar de Smerdis-le-Mage, ou comme tous nos faux Louis XVII, le vieillard de Glanson fut un imposteur.

J'établirai d'abord que Baudouin est mort à Ternove, en Mysie, par l'ordre de son vainqueur.

Je prouverai ensuite que rien de ce que Baudouin, survivant et de retour (l'hypothèse admise), aurait fait en Italie, en France, en Flandre, ne l'a été par Bertrand ; qu'au rebours, les faits et gestes de ce dernier sont inadmissibles de la part de celui qu'il prétendait être.

Puis, invoquant le procès-verbal de l'inhumation de l'empereur et les titres de filiation de l'ermite, et multipliant ainsi la force des démonstrations déjà produites, je consoliderai sur nouveaux faits, comme s'il en était besoin et presque juridiquement, la thèse lilloise à l'aide d'actes de notoriété.

Exposons succinctement, discutons ensuite.

Cinq ans après que le plus redoutable des adversaires de Philippe-Auguste eut juré, dans Saint-Donat de Bruges, qu'il irait combattre pour les Saints-Lieux, il honorait la Flandre et la France par son accession au trône d'Orient.

Mais une année s'écoule, les Grecs ont trouvé un auxiliaire ; Calojean, roi des Bulgares, a envahi l'empire ; moins d'un contre dix, les Croisés ont vu toute leur valeur le céder au nombre, et mis en déroute en face d'Andrinople, ils n'ont pu réussir à sauver leur maître ; criblé de blessures, épuisé de forces, ce preux est tombé parmi les morts. Alors, et toutefois à la suite d'une hésitation qui se prolongea pendant seize mois, un autre fils du Magnanime, Henri de Hainaut, frère chéri de Baudouin, lui succède à Constantinople ; et, le 22 janvier 1212, la comtesse Jeanne, héréditairement investie de la couronne de Flandre, en prend possession en la personne de Fernand, son mari, qui prête serment de foi et hommage à Philippe-Auguste ; deux années après, à la date célèbre du 27 juillet 1214, un demi-veuvage commençait pour elle par la captivité de Fernand.

Or, pendant cette captivité, un homme qui portait le froc aux environs de Mortagne, le pèlerin à la longue barbe, ainsi que l'appellent les chroniqueurs, se donne à nos populations comme leur souverain, jadis leur idole, et que ses infortunes tout ensemble et les grandes phases de sa destinée devaient rendre plus sacré. Son autorité s'étend deux mois durant sur le Hainaut et sur la Flandre. Mais Louis VIII use du droit qu'il a, comme suzerain, d'appeler le comte de Flandre à lui rendre hommage-lige. Le pèlerin est mandé à Péronne ; les explications qui s'ensuivent entre le roi et ce personnage tournent mal pour lui ; il sort de la ville soit furtivement, soit au moyen d'un sauf-conduit qu'il avait reçu. Sa tête est mise à prix ; on s'empare de lui près de Montbard, en Bourgogne ; puis, sous le coup de plusieurs reproches, et surtout en qualité d'imposteur public, il est mis à mort aux halles de Lille. Dénoûment tragique d'une comédie.

Deux versions étayées sur des rapports empreints à peu près d'une égale crédibilité ont couru d'abord et ne laissent pas de partager encore les esprits sur la cause de la disparition de Baudouin après le revers d'Andrinople. Selon les uns, il avait péri les armes à la main ; selon les autres, il était tombé vivant entre les mains des Bulgares. Ce fait, de deux versions qui semblaient toutes deux se contredire, a eu naturellement pour effet d'en provoquer une troisième, celle que l'empereur s'était échappé du champ de bataille, en d'autres termes, avait fui ; et il se peut que la supposition de la fuite de Baudouin devant l'ennemi ait donné plus tard l'idée d'une autre hypothèse, à savoir qu'il serait parvenu à s'évader de prison.

Les deux versions, en réalité, n'en devaient faire qu'une. Ceux qui ont dit que le comte de Flandre avait été tué n'infirmaient que bien peu le témoignage de ceux qui le signalaient comme prisonnier. Dans une mêlée, en effet, et dans un désastre, sait-on exactement qui est tué ou qui est pris ? On n'articulait pas lui avoir vu rouler la tête de dessus les épaules, ou le corps fendu de haut en bas, il n'était pas non plus question d'épée rendue, comme pour

François à Pavie, ou Jean à Poitiers, Fernand à Bouvines ; ce qu'attestaient *de visu* plusieurs chevaliers, c'est seulement qu'ils l'avaient quitté pour mort ; ce que d'autres attestaient *de auditu*, c'est que des geôliers l'avaient tenu captif à Ternove. Et quelle conséquence tirer de l'ensemble de ces déclarations, sinon qu'il était resté en vie mais pour cesser d'être libre, que ramassé inanimé sur le champ d'honneur, il s'était réveillé dans un cachot. Ainsi, pas la moindre contrariété entre les rapports recueillis en Morée et par Jean Lefèvre et Jacques de Guyse, etc., et ceux consignés dans Nicétas et Villehardouin, ou bien empruntés par Albéric de Trois-Fontaines, moine champenois, au savant et brave évêque de Soissons. Accord et harmonie tout au contraire entre cette quantité d'annalistes, accord et harmonie qu'auraient bien fait de constater tels livres modernes (apologétiques en somme), au lieu d'insister sur des divergences superficielles. Bref, et pour conclure, quant à ce point, masse compacte de témoignages qui prouvent, contre je ne sais quel récit en l'air, que dans la terrible journée d'Andrinople, le plus digne fils du Magnanime, le héros valenciennois, n'a pas lâché pied.

J'ai dit que l'idée qu'il avait fui du combat peut sembler le germe de celle qu'il s'était échappé de prison, et que cette idée erronée procède d'une fausse apparence de discordance qui ne résiste pas et se dissipe devant l'examen. C'est encore l'absence d'une interprétation compréhensive des circonstances inhérentes à la fin déplorable du comte

Baudouin qui a préparé, au moins selon moi, la fable exploitée par Bertrand de Rains, la fable de l'évasion. Entre deux versions contemporaines, il y a place pour une troisième, elle s'y est glissée, quand rien n'empêchait que l'une et l'autre se conciliassent sans qu'une prétendue contrariété donnât matière aux supercheries, à la tentative d'un usurpateur et au scepticisme de maint écrivain. Selon Nicétas, qui date du temps et du lieu de l'événement, la défection d'Alexis Aspiète, chef grec avec qui Baudouin s'était entendu, avait exaspéré le roi ou kral de Bulgarie, et c'est pour ce motif qu'il fit couper les pieds et les mains à son captif. Selon Albéric, qui, je le répète, n'est que l'écho de Nevelon (le prélat illustre revenu d'Asie en France en 1207), la femme du roi Calojean avait offert à Baudouin de devenir la sienne, puis la calomnie renouvelée de Memphis et d'Athènes ayant substitué aux rêves déçus de la volupté la satisfaction de la vengeance, Calojean abusé s'était fait le bourreau du prince sans reproche ainsi que sans peur, qui n'avait pas voulu le tromper.

Gibbon a jugé cela ridicule. « Un récit, dit-il, qui sera goûté des esprits friands de légendes théâtrales, c'est que (etc.); » sur quoi il raconte ce que je viens de rapporter. Mais si Gibbon, cet homme politique ou soi-disant tel, qui passe pour n'avoir pas plus ressenti que pu inspirer de passions, si Gibbon raille ici, et n'admet comme explication de la colère du kral qu'une raison politique, Ducange et Lebeau en jugent autrement, et réputent plausible la relation adoptée par Albéric, relation puisée postérieurement à lui, à la même source, par Henri Doultremann ; pour moi, et je l'ai déjà fait pressentir, j'incline à penser que les soupçons du Bulgare, sur la participation de Baudouin à la révolte d'Aspiète, auront fourni à la reine une occasion qu'aura saisie, pour s'assouvir, sa rancune.

Trahison politique, en effet, et trahison domestique, c'étaient là deux accusations qui se prêtaient un mutuel appui ; ni l'annaliste grec, ni l'évêque dont Doultremann et le vieux chroniqueur qu'édita Leibnitz copient les manuscrits, ne se sont mépris ou abusés ; ni l'un ni l'autre n'a reproduit autre chose que la vérité, mais ils en ignorèrent ou négligèrent chacun une moitié, une partie. J'ajoute tout de suite que la valeur des affirmations sur le fait important (je veux dire la fin de Baudouin) n'est nullement subordonnée à l'admission de cette théorie. Quoi qu'il en soit de mon essai de syncrétisme, essai que je propose sans l'imposer, le choc des deux opinions sur le mobile réel des sévices exercés contre notre prince, ne détruit en rien la conformité des allégations quant au fait même de cette barbarie ; Nicétas, Albéric, Doultremann, Ducange, Lebeau et Gibbon concordent, au fond, unanimement et à souhait.

De plus, il se trouve que le successeur de Nicétas, en qualité de logothète ou chancelier, Georges Acropolite, dont les parents vivaient sous Calojean, étaye, par surcroît, les témoignages qui précèdent ; il impute au vainqueur de Baudouin d'avoir, à l'exemple d'un autre monarque du même pays, fait nettoyer et ciseler le crâne de sa victime ! *Caput sordibus expurgatum ornamentis septum poculi loco inseruisse*. Trait de mœurs, reflet du paradis scandinave, dont le Bulgare devenu catholique gardait souvenir.

Et ce n'est pas tout ; pendant les seize mois de sa régence, Henri de Hainaut s'enquit, en frère chéri, de la destinée de son aîné ; il ne prit la couronne que sur la nouvelle qu'il avait rendu à Dieu sa belle âme ; il en écrivit, vers le 20 août 1206, à un religieux de Douai ; sa lettre subsiste, elle est consignée dans Martène et Durand.

Enfin les archives romaines possèdent une missive de Calojean, qui se piquait d'égards respectueux envers le Saint-Siége ; il annonce que le vaincu de la journée d'Andrinople n'était plus de ce monde. Les expressions dont il se sert sont (disons-le par parenthèse) assez inusitées et assez amphibologiques : « Baudouin a payé le tribut que lui avait imposé la chair, *carnis debitum*. »

Cette lettre de Ternove se rattache à celle qu'Henri avait adressée à Rome (1) pour que le pape intervînt. La missive à laquelle répond en ces termes le Bulgare existe pareillement. Donc point d'interpolation possible ni de prétexte quelconque de douter que Baudouin ne fût hors d'état d'habiter Mortagne en 1225. Apparemment le roi Calojean ne mentait pas à Innocent III et à l'Europe pour le seul plaisir de mentir ou afin de laisser intacte la réputation de

(1) La Porte Dutheil. Lib. VIII. Epist. 130.

ses geôliers. Je dis à Innocent III et à l'Europe, en effet, le 11 décembre 1206, l'illustre pontife, s'adressant de la de la sorte *urbi et orbi*, écrivait à l'occasion de la croisade à venir : « *Constantinopolitanus imperator sub hostili custodia diem clausit extremum.* » « Le premier empereur de Constantinople a vu luire en prison son dernier jour. »

Assurément, la première partie de ma tâche est remplie : j'ai avancé en outre que dans l'hypothèse où il n'en fût pas ainsi, c'est-à-dire supposé que l'empereur eût vécu quand parut l'ermite, l'un et l'autre n'en auraient pas moins été deux hommes bien distincts.

Et c'est ce que je démontrerai au chapitre suivant.

II.

Un pape était l'âme des pieuses expéditions du moyen-âge, et le mari de Marie de Champagne rivalisait de piété avec saint Louis. A peine installé, en 1204, il avait écrit à Innocent III pour le prier de tenir un concile à Constantinople ; en 1225, il ne pouvait ignorer que, durant sa captivité, la cour de Rome était intervenue en sa faveur. Pour Honoré III, la question des saints lieux (style moderne) avait le même intérêt que pour Innocent lui-même ; enfin le fait d'une évasion miraculeuse d'entre les mains des barbares aurait à lui tout seul provoqué, de la part de qui s'en fût vu l'objet, une démarche de reconnaissance, un devoir de religion, une manifestation personnelle envers le représentant de Jésus-Christ. Est-ce que l'homme qui, en 1225, un an après son prétendu retour d'Asie en Europe, s'est donné, comme on le sait, pour Baudouin, avait fait un an auparavant cette démarche ? Non, aucunement; les archives romaines en feraient mention, ce qui n'est pas. L'homme de Glanson n'a point porté ses pas vers Rome, donc il n'était pas Baudouin.

Du mariage du Magnanime avec Marguerite d'Alsace il était né sept enfants. Des sept, il en restait deux. Philippe, Henri, Eustache, leur sœur, ex-reine de France, leur autre sœur, digne impératrice, avaient successivement succombé. Mais Sibille, mariée à Gisclard IV, comte de Beaujeu, seigneur français, Sibille, la plus jeune des sœurs de Baudouin, vivait (pour un an encore) au temps dont s'agit. A défaut du pape, la sœur au moins du croisé, de retour, aura sa visite; l'aîné et la plus jeune se parleront de ceux qui leur manquent. Les survivants d'une famille nombreuse semblent hériter respectivement de la tendresse que ressentait pour les frères et sœurs qu'il a perdus, chacun de ceux qu'épargna le sort. Mais l'ermite n'alla point chercher à Paris la dame de Beaujeu. L'ermite n'eut garde, donc il n'était pas Baudouin.

A la nouvelle de sa réapparition, Henri d'Angleterre avait offert l'appui de son alliance à l'individu qui prome-

8

nait triomphalement de Hainaut en Flandre l'appareil de la souveraineté. Le duc de Brabant et Wallerand de Limbourg s'étaient également ralliés à lui. La Flandre alors se trouvait abaissée devant la France. L'espérance de la relever, les moyens qui s'en présentaient eussent profondément remué le héros. Il n'avait que cinquante-quatre ans. Et il avait vu Dandolo se battre octogénaire et aveugle. Quitte d'ailleurs à *montrer* aussi, lui, *qu'une âme guerrière reste maîtresse du corps qu'elle anime*, il aurait payé de sa personne. Flanquée des renforts du Brabant et du Limbourg, une armée anglo-belge, sous le lion et les léopards, aurait marché contre l'oriflamme, et avant de palper la rançon de Fernand, Louis VIII, défié par le beau-père de son prisonnier, aurait expié Bouvines ou devancé Mons-en-Puèle ; il n'en fut rien, parce qu'au lieu de Baudouin il n'y avait là que son pseudonyme.

La conduite qu'a tenue l'ermite est l'opposé de celle qu'aurait tenue l'empereur. Piété, tendresse, élan, tout lui fit défaut, rien de ce qu'aurait fait le comte ne le fut par Bertrand. Arrivons à l'incompatiblité des actes de l'un avec le caractère de l'autre.

Je laisse de côté le colloque de Péronne. Selon MM Michelet et Henri Martin, selon d'autres avec eux ou après eux, l'âge et la souffrance avaient troublé la mémoire de l'oncle de Louis VIII, ou bien des interpellations coup sur coup l'interloquaient. Voilà pourquoi ne lui revint ni la date du serment prêté entre les mains de Philippe-Auguste, ni le lieu de sa réception en chevalerie, ni celui de son mariage. J'abonde complaisamment dans le sens de mes antagonistes, je tiens avec eux pour contestable le résultat de l'interrogatoire. Oubliant les oublis les plus singuliers, je renonce à celui des moyens de mes devanciers qui leur sembla le plus fort, et cette concession ne m'empêche pas ici d'atteindre mon but.

Pendant les deux mois de l'usurpation du nouveau Smerdis, quand les religieux d'un monastère refusaient d'embrasser sa cause, il prescrivait d'y mettre le feu; de là deux vers des chroniques de l'évêque de Tournay :

N'oncques mais par Sainte-Espérite
Ermite fit ardoir moutiers.

Nul ne concevra qu'un chrétien modèle, fondateur d'églises et de collégiales, bienfaiteur des abbayes de Saint-Bertin, Fontevrault, Ninove et Sainte-Waudru, brûlât des couvents.

Le 30 juin 1225, lorsqu'il partit de Péronne, le vieillard emporta l'or et les bijoux dont l'avait muni la libéralité de *ses sujets*. Ainsi avait fait le 18 juillet 1203, Alexis l'Ange, quand il avait fui de Constantinople avec ses trésors. Mais ce procédé de Grec n'était pas à l'usage de Baudouin. Pas plus que le premier des Césars, il ne pouvait accepter l'idée d'un soupçon. L'apparence seule d'une indélicatesse, tranchons le mot, d'une escroquerie, lui eût invinciblement répugné.

Bertrand n'est mort qu'après un aveu de supercherie. Parmi une multitude de témoignages, la chronique citée plus haut de Mouskes le Tournaisien en fait foi :

Et tout là où on le menait
Disait que ménestrel était.

Baudouin, comme la jeune Athénienne, aurait mis, je crois, sa langue en pièces, devant les bourreaux, plutôt mille fois, que de s'imputer mensongèrement à sa dernière heure la perpétration d'un attentat.

J'avance dans ma tâche ; il ne me reste plus qu'à mener mon lecteur au berceau de l'ermite et près du tombeau de l'empereur. L'humilité de ces deux termes de leur carrière fut, avec l'angoisse de leur trépas, le seul point commun que ces deux êtres, moins semblables encore au physique que différents au moral, se trouvent avoir eu ensemble.

L'homme pendu vis-à-vis des Halles est bien celui qui avait, six mois auparavant, quitté Mortagne. Le soin pris dans l'intérêt de la conviction des contemporains a eu son fruit pour celle de la postérité (1) ; ni l'identité de l'ermite et du fugitif, ni celle du fugitif et du condamné n'a été révoquée en doute. Or, le pseudo-Baudouin fut arrêté à

(1) Voyez Lebon, p. 6 de sa Notice (Vanackere, 1856), et p. 275 des Annales de Buzelin, qu'il ne faut pas confondre avec Béghein de Beuzelin, manufacturier, ni, comme l'a fait M. de Fortia, avec Bucelin (de Turgovie), bénédictin. Buzelin (Jean) était jésuite.

Rougemont, près Montbard en Bourgogne, par Erard de Chacenay, seigneur champenois (1). On constata ses antécédents, et comme il se déclarait serf de Clérembaut de Chappes, ce fut par l'entremise du sire de ce nom que le baron qui l'avait pris le livra à la vindicte publique. Ces deux auxiliaires de la comtesse Jeanne ont leur place, celui-ci dans l'histoire des croisades et celui-là dans l'armorial du royaume. En 1259, le vicomte de Melun épousa Alix de Chacenay, la fille d'Erard. Clérembaut de Chappes, beau-frère du célèbre Othon de la Roche, passe pour la souche de la famille Bournonville, et touchait par Elisande de Traisnel des Ursins à la famille du seigneur de Marchiennes, c'est-à-dire aux ancêtres de M. Juvénal d'Harville (2), écuyer de Joséphine, oncle du feu duc de Vicence et parrain de deux autres généraux douaisiens (3). J'ose réputer incontestable qu'Érard de Chacenay et Clérembaut de Chappes, gentilshommes dignes de leurs neveux et de leurs

(1) Michaud en fait à tort Chastenay, seigneur de Bricon, qui, par Jeanne de Récicourt, fut la tige des Chastenay-Lanty : 1° Bricon est près de Langres; 2° je ne vois nulle part au XIIIe siècle un Chastenay du nom d'Erard ; 3° Albéric écrit Chacenay ; 4° Chacenay figure avec son château un peu au sud des ville et château de Chappes, au nord de Montbard. (Voyez Cartes topographiques de l'*État-Major* ; Rains y est inscrit).

(2) Cf. Buchon. *Notes de la Chronique de Morée*, p. 120 ; et *Fastes de la Légion-d'Honneur*, t. II, p. 349 ; *Adde Almanach impérial*, 1807, p. 74.

(3) Esprit-Gabriel-Juvénal Constant et Jean-Baptiste Juvénal Corbineau, mort l'un à trente-six ans, le 8 février 1807, l'autre à soixante-et-onze, le 17 décembre 1848. (Voyez *Galerie douaisienne*, dédiée à M. Martin du Nord, p. 84).

aïeux, n'auraient pas voulu, quand même ils l'eussent pu, ourdir, concerter, agencer ensemble une monstrueuse machination ; dès-lors l'état-civil, qu'ils ont dit être celui du faux Baudouin, l'était en effet. Eh bien ! ce qu'ils ont dit, et au surplus avec lui-même, c'est que son lieu de naissance était Rains, petite commune à trois kilomètres de Vitry (Marne); son père s'appelait Cordèle ; au nom de Bertrand, nom sous lequel il était connu dans son pays, s'ajoutait parmi ses compatriotes tantôt l'indication de son lieu natal et tantôt le sobriquet de Le Clop, parce qu'il boîtait ; enfin, avant de quitter le monde pour la solitude à laquelle il resta peu fidèle, il le parcourait en exerçant le métier de jongleur ou ménestrel. Passé parfaitement et d'un bout à l'autre en harmonie avec le rôle sous lequel il succomba démasqué.

J'avais annoncé que je dresserais, dans une forme authentique pour le XIIIe siècle, l'état-civil de Bertrand le Clop, dit de Rains, j'ai tenu parole ; à cette heure, venons à l'équivalent de l'acte de décès de Baudouin.

Dans la tentative du vieillard de Glanson tout avait reporté douloureusement la pensée de Jeanne sur le tragique trépas de son père. Divers personnages, et parmi eux deux membres éminents de ce clergé aux mains duquel devaient être confiés plus tard la tenue et le dépôt des registres publics, sont investis alors du soin de recueillir en Mysie des détails que le pape Innocent et le successeur de Baudouin n'avaient pas transmis. Un docteur en théologie et un évêque dont le diocèse était situé dans l'Archipel, et même sur un point assez rapproché de Ternove, président aux recherches, et le résultat en est qu'une femme originaire du duché de Bourgogne, attirée comme tant d'autres en Asie et fixée dans les domaines de Calojean, avait inhumé les débris du corps du héros flamand. Veut-on que l'évêque et le théologien aient admis sans preuve la déclaration qu'ils ont reproduite, veut-on que ce soit une invention de leur part ? Faire si aisément ou des dupes ou des imposteurs me paraîtrait moins de la sagesse que du pyrrhonisme.

Je résume : Deux prêtres, deux soldats, tout ce que fit et ne fit pas en 1225 Bertrand de Rains, puis la notoriété constatée, dés 1206, tant à Rome qu'à Constantinople, voilà ce que j'atteste et qui écarte de la plus sainte mémoire la plus exécrable imputation.

Dans sa première instruction à son fils, d'Aguesseau rend grâces à Dieu d'avoir bien voulu que la plus importante des vérités fût aussi la plus certaine, et qu'il fût non-seulement plus sûr, mais plus facile de croire que de ne pas croire. C'est sans peine aussi qu'une réalité historique bien chère aux enfants du Nord vient de se trouver rétablie. Ah ! si quelque jour les justes tributs de la reconnaissance contemporaine se complètent au profit du passé; si par l'effet d'une gratitude qui aura remonté le cours des âges, un monument de plus décore ce chef-lieu, nul doute qu'alors qu'un front noble et pur, une physionomie sérieuse et douce feront sous le marbre deviner la vertu, tous les calomniateurs se tairont ; il n'y aura pas une voix pour dire : la ville où règne l'esprit de famille érige la statue de la parricide ; il ne faudra pas de voix pour répondre : Les respects de Lille vengent sa bienfaitrice.

(**Lille, 1855.**)

(Extrait du tome V du Bulletin de la Commission historique du Nord.)

RAPPORT A LA COMMISSION SUR UN DES MÉMOIRES DE LA SOCIÉTÉ DE SPHRAGISTIQUE.

MESSIEURS,

Si l'importance d'un écrit ne se calcule pour personne par le nombre des pages, mais a pour mesure le nom de son auteur, l'intérêt et l'à-propos du sujet, le soin déployé dans les recherches et le succès qui les récompense, l'opuscule transmis par M. Carlier a droit à un examen. Il est extrait des Mémoires de la Société de Sphragistique, ce qui malgré l'épigramme surannée aujourd'hui à ce qu'il semble (1), sur la littérature ruminante, ne lui fait rien perdre de son mérite.

A qui se rapporte un scel en cuivre, au lion passant, coupé d'un poisson pâmé, avec les mots *Sigil. guardia Duynkerk* pour légende ; l'écusson arrondi du dessous et surmonté d'un buste de femme nue ; les cheveux pendants et le front nimbé, tenant la croix d'une main, trois boules

(1) Voy. en ce sens au N° des *Débats* du 18 juillet 1861, le début de l'article Variétés de M. J.-J. Ampère.

ou petits globes de l'autre ? Telle était la question posée par le président de la Société d'encouragement Dunkerquoise, au nom de la Commission du musée de Dunkerque, et pour la solution de laquelle on ne pouvait véritablement mieux s'adresser qu'à M. Carlier. La notice qu'il venait de mener à bonne fin sur les armoiries de sa ville natale, se terminait par un mot extrait de la bulle d'Eugène IV, du 17 janvier 1436, autorisant les Franciscains de Saint-Omer à envoyer à Dunkerque une congrégation de leur observance ; or, par le hasard le plus heureux, ce document historique assez rare (1), lequel, rien qu'à titre de trait-d'union, aurait eu son prix, n'allait cesser d'être le couronnement de la plus ancienne des deux études dont il s'agit que pour devenir la base de la plus récente. Gardien ou custode était la dénomination des supérieurs des communautés de Franciscains. *Guardianus vel guardio dicitur custodiens conventum*, lit-on dans Calepin. Le scel en question, et cela de toute évidence, appartenait au susdit couvent, autorisé le 17 janvier 1436, et il témoignait de l'union, de l'harmonie existant entre les supérieurs et la ville : le blason de Dunkerque, lion passant en chef et poisson pâmé en pointe est des plus connus (2).

(1) Elle n'est ni au Bullaire, ni dans Martène et Durand, mais voyez supplément de J.-P. Foppens à Aubert Lemire. Edition de Pierre Foppens. Bruxelles, 1768, t. 2, page 217.

(2) Voyez Dictionnaire des Communes, par Girault de Saint-Fargeau, t. Ier, pl. IV et page 758.

Mais à quelle date remontait ce cachet ? et qui était la sainte échevelée tenant à la main trois petits globes en guise d'attributs ? voilà ce qui restait à déterminer. Le galbe de l'écusson et la disposition du lion et du dauphin tranchent la première de ces deux difficultés : d'une part, le galbe arrondi du dessous est espagnol ; d'autre part, on sait aujourd'hui, mais M. Carlier mieux que personne, qu'avant 1558 le poisson était demi-pâmé et le lion rampant au lieu de passant, d'où suit que c'est entre 1558 et le siége de 1646 que se circonscrit l'adoption du cachet à enquérir. L'autre difficulté se résout par un passage de Faulconnier, dont la table alphabétique, au mot *Récolets*, renvoie à la page 33, tome Ier, où on lit : *Couvent des Recueillis de Saint-François, dédié à sainte Marie l'Égyptienne, dont ces pères avaient la tête.* Le buste de la sainte se trouve dès-lors celui de la Magdeleine d'Alexandrie, de la pénitente du désert ; Alban Butler (1) s'accorde avec Baillet (2) pour constater qu'en s'y rendant pour y passer quarante-sept années, elle y avait emporté trois pains. « J'allai acheter trois pains, fait dire à Marie l'agiographe anglais, puis demandai au boulanger la porte de la ville. » Les pains (l'étymologie de ce mot de boulanger écrit ici en fait foi), les pains, chez nos aïeux comme, au surplus, chez les anciens, se pétrissaient en boules (3) :

(1) 1764. t. III, p. 373.

(2) Vies des Saints, 1701. Edit. Roulland, 2 avril, p. 34.

(3) Monteil. Histoire des Français de divers états. Edit. Coquebert, t. II, p. 49, et Virgile, Moret, p. 48 :

Levat opus palmis que suum dilatat in orbem.

les trois petits globes ou formes sphériques que le cachet donne à sainte Marie d'Egypte sont des pains.

Le résumé qui précède, en d'autres termes le théorème de M. Carlier se déduit sous sa plume avec une clarté extrême et toujours avec indication détaillée des sources. L'auteur a le style simple, la logique sûre, de la méthode et l'abondance du savoir.

J'aurais voulu que, pour être constamment exact, il ne donnât pas à entendre (1) que les Frères mineurs furent introduits moins tôt dans les Pays-Bas qu'en France. L'histoire ecclésiastique de Leboucq (page 100) nous les montre à Valenciennes en 1215, date que MM. Warnkœnig, Le Glay (Edward) et d'autres érudits ont admise ! Le souvenir des religieux de Saint-Omer appelait selon moi nécessairement la mention de ceux de Lens. Dans cette même plaine que le héros du siége de 1646 devait illustrer l'année d'après par une victoire, s'était endormi du dernier sommeil, à quatre siècles de là, vers 1230, le premier provincial de France, le roi des vers, le bienheureux Pacifique, cher et digne compagnon de saint François (2).

Les Récollets de Dunkerque, les Cordeliers du diocèse de Morinie évoquaient, ou je me trompe bien, la pensée des Franciscains de l'Artois. Enfin, c'est une lacune, celle-ci tou-

(1) Page 4. *in fine.*

(2) *Vid.* Frédéric Morin, Bibliothèque des Chemins de fer (Hachette, 1853), p. 108 et 118, et Bouillet, onzième édit. *Adde* Daniel Papebroch, Act. sanct., t. 3, de juillet, page 173.

chant au fond du sujet, que de n'avoir pas établi le lien entre les enfants de saint François d'Assise et la sainte d'Egypte. Supposé qu'il fût vrai, comme l'avance Faulconnier, guide parfois assez peu sûr, supposé qu'il fût vrai, ce dont je doute, que le chef de la pécheresse repentie eût été donné au couvent de Dunkerque, la dédicace ou invocation que remémore l'effigie du scel du musée de la ville eut un autre motif; cet autre motif qu'évidemment M. Carlier devait rechercher et indiquer fut celui à raison duquel l'église élevée, en 1642, à la sainte, à Chambéry (1), devint six ans après, par les soins de son fondateur, la propriété des Cordeliers. . . .

Mais je regrette et m'excuserais volontiers de paraître en remontrer à M. Carlier. Puisse la franchise de ma critique servir tout au moins de garantie à la sincérité de mes éloges. Encore un mot : après le plaisir réel que j'ai éprouvé à lire cet opuscule, j'en ai éprouvé aussi à l'analyser : m'occuper du cachet des religieux de Dunkerque c'était, en effet, pour moi revenir à cette Jeanne de Hainaut qui (selon le témoignage du père Chalippe et de M. Chavin de Malan) fut par-dessus tout la protectrice des Frères mineurs (2), et à qui j'ai consacré un écrit dont je me sens presque fier, Messieurs, depuis qu'il m'a valu, très-obscur légiste que je suis, l'honneur envié d'être compté parmi vous.

(1) Bollandistes. Acta. t. Ier d'avril, p. 75.

(2) Paris, Prault, 1728. Vie de saint François, instituteur de l'ordre des Frères mineurs, de celui de Sainte-Claire et du tiers-ordre de la pénitence, p 156. Paris, Debécourt, 1841, Histoire de saint François d'Assise, p. 232.

TABLE.

Lille. L. Danel.

Prix : 2 fr. 50.